# 最高人民检察院指导性案例

## （第十五批至第二十四批）

中国检察出版社

图书在版编目（CIP）数据

最高人民检察院指导性案例. 第十五批至第二十四批/最高人民检察院
编. —北京：中国检察出版社，2020. 12
ISBN 978 - 7 - 5102 - 2536 - 9

Ⅰ.①最… Ⅱ.①最… Ⅲ.①案例 - 中国 Ⅳ.①D920. 5

中国版本图书馆 CIP 数据核字（2021）第 006282 号

**最高人民检察院指导性案例**

（第十五批至第二十四批）

出版发行：中国检察出版社
社　　址：北京市石景山区香山南路 109 号（100144）
网　　址：中国检察出版社（www. zgjccbs. com）
编辑电话：(010)86423753
发行电话：(010)86423726　86423727　86423728
　　　　　(010)86423730　86423732
经　　销：新华书店
印　　刷：北京宝昌彩色印刷有限公司
开　　本：710 mm×960 mm　16 开
印　　张：12. 75
字　　数：150 千字
版　　次：2020 年 12 月第一版　　2020 年 12 月第一次印刷
书　　号：ISBN 978 - 7 - 5102 - 2536 - 9
定　　价：38. 00 元

# 出版说明

习近平总书记深刻指出："一个案例胜过一打文件。"人民检察院组织法规定，最高人民检察院可以发布指导性案例。《最高人民检察院关于案例指导工作的规定》指出，各级人民检察院应当参照指导性案例办理类似案件，可以引述相关指导性案例进行释法说理。各级人民检察院检察委员会审议案件时，承办检察官应当报告有无类似指导性案例，并说明参照适用情况。各级人民检察院应当将指导性案例纳入业务培训，加强对指导性案例的学习应用。

新时期，最高人民检察院党组高度重视案例指导工作，张军检察长多次强调指出：指导性案例是落实"讲政治、顾大局、谋发展、重自强"检察工作主题的抓手，是体现检察工作"稳进、落实、提升"总基调的重要方面。指导性案例工作带有综合性，案例指导工作抓得好，能够把各级检察机关各项检察业务都带动起来，能够促进检察机关政治建设、业务建设、队伍建设等各个方面。案例是检察产品和法治产品的最主要体现之一，要把案例指导工作作为提升检察官政治素质、业务能力水平的重要内容来抓。

上述重要论述，为我们学习理解新时期指导性案例工作指明了方向和思路。为方便读者学习和适用最高人民检察院发布的指导性案例，指导司法实践，我们特别出版了《最高人民检察院指导性案例》，本辑收录了最高人民检察院第十五批至第二十四批指导性案例。

2020 年 12 月

# 目　　录

最高人民检察院

## 关于印发最高人民检察院第十七批指导性案例的通知

最高人民检察院

**关于印发最高人民检察院第十八批指导性案例的通知**

最高人民检察院

**关于印发最高人民检察院第十九批指导性案例的通知**

最高人民检察院

**关于印发最高人民检察院第二十二批指导性案例的通知**

# 最高人民检察院
# 关于印发最高人民检察院
# 第十五批指导性案例的通知

（2019 年 9 月 9 日公布　　高检发办字〔2019〕81 号）

各级人民检察院：

　　经 2019 年 7 月 29 日最高人民检察院第十三届检察委员会第二十二次会议决定，现将某实业公司诉某市住房和城乡建设局征收补偿认定纠纷抗诉案等三件指导性案例（检例第 57—59 号）作为第十五批指导性案例发布，供参照适用。

最高人民检察院
2019 年 9 月 9 日

# 某实业公司诉某市住房和城乡建设局
# 征收补偿认定纠纷抗诉案

## （检例第 57 号）

**【关键词】** 行政抗诉　征收补偿　依职权监督　调查核实

**【要　旨】**

人民检察院办理行政诉讼监督案件，应当秉持客观公正立场，既保护行政相对人的合法权益，又支持合法的行政行为。依职权启动监督程序，不以当事人向人民法院申请再审为前提。认为行政判决、裁定可能存在错误，通过书面审查难以认定的，应当进行调查核实。

**【基本案情】**

2015 年 9 月，某市政府决定对某片区实施棚户区改造项目房屋征收，市住房和城乡建设局（以下简称市住建局）依据土地房屋登记卡、测绘报告及房屋分户面积明细表，向某实业公司作出房屋征收补偿面积的复函，认定案涉大厦第四层存在自行加建面积为 203.78 平方米，第五层存在自行加建面积为 929.93 平方米，对自行加建部分按照建安成本给予某实业公司补偿。实业公司不服，认为第四层的 203.78 平方米和第五层的 187.26 平方米是规划许可允许建造且在案涉大厦建成时一并建造完成，并系经过法院裁定、判决而合法受让，遂向该市某区人民法院起诉，请求：确认复函违法并撤销；确认争议部分建筑合法并按非住宅房屋价值给予补偿。

2016 年 8 月 1 日，区人民法院作出行政判决，认为：案涉大厦目前尚未取得房屋所有权证，应当以规划许可的建筑面积来认定是否属于自行加建面积。土地房屋登记卡记载的面积，连同第四层和第五层的争议面积，共计5560.55平方米，未超过规划许可证件载明的面积5674.62平方米，应当认定争议建筑具有合法效力。某测绘公司2011年11月13日受法院委托，对案涉大厦进行测绘后出具了测绘报告，2015年12月25日该测绘公司受市政府委托对该大厦测绘后出具测绘报告及房屋分户面积明细表，二者相互矛盾，2011年测绘报告被市中级人民法院另案判决采信在先，其证明效力应当优于2015年出具的房屋分户面积明细表，因此对市住建局复函依据的房屋分户面积明细表不予采信。该判决还认为：该市中级人民法院另案民事判决将争议建筑作为合法财产分割归某实业公司所有，是发生法律效力的物权设立决定，应当认定争议的面积不是自行加建的面积。遂判决确认市住建局复函违法，责令其对争议部分建筑按非住宅房屋的补偿标准给予安置补偿或者货币补偿。

一审判决后，双方当事人均未提起上诉，也未申请再审。

**【检察机关监督情况】**

线索发现。2018年4月，该市人民检察院在处理当事人来函信件中发现该案判决可能存在错误，非住宅补偿标准（每平方米约3万元）与建安成本（每平方米约2000元）差距巨大，如果按照判决进行补偿，不仅放纵违法建设行为，而且政府将多支付补偿款1000余万元，严重损害国家利益，根据《人民检察院行政诉讼监督规则（试行）》第九条第一项之规定，决定依职权启动监督程序。

调查核实。市人民检察院在审查案件过程中，发现一审期间实业公司提供的案涉大厦规划许可证件复印件是判决的关键证据之一，与其他证据存在矛盾，遂开展了以下调查核实工作：一是向法院调取案件卷宗材料；二是向市规划委员会、市不动产登记中心等单位调取规划许可证件及相关文件；三是向市不动产登记中心等单位及工作人员询问了解规划许可证件等文件复印件的来源和审核情况。经对以上材料进行审查和比对，发现法院卷宗中的规划许可证件等文件复印件记载的面积与市规划委员会保存的规划许可证件等文件原件记载的面积不一致。最终查明：实业公司向法院提供的规划许可证件等 3 份文件复印件，是从市不动产登记中心查询复印的，而该中心保存的这 3 份材料又是实业公司在申请办理房证时提供的复印件。市规划委员会于 2018 年 7 月 19 日向人民检察院出具的《关于协助说明规划许可相关内容的复函》证明：案涉大厦建筑规划许可总建筑面积为 5074.62 平方米。据此认定，实业公司提供的规划许可证件等 3 份文件复印件中 5674.62 平方米的面积系经涂改，规划许可的建筑面积应为 5074.62 平方米，二者相差 600 平方米。

监督意见。市人民检察院审查后，认为区人民法院行政判决认定事实的主要证据系变造，且事实认定和法律适用存在错误。第一，2015 年测绘报告的房屋分户面积明细表是受市人民政府委托，为了征收某片区棚户区改造项目房屋，对整个大厦建筑面积包括合法、非法加建面积而进行的测绘，应当作为认定争议面积是否属于合法建筑面积的依据。而 2011 年测绘报告则是另案为了处理有关当事人关于某酒店共有产权民事纠纷而进行的测绘，未就争议建筑部分是否合法予以认定或区分，不应作为认定建筑是否合法的依据。第二，根据检察机关调查核实情况，判决认定规划许可面积错误，以此为标准认定实际建筑面积未超过规划许可面积也存在错误。第三，根据市国土局土地房屋登记卡及附件、2015 年测绘报告的房屋分户面积明细表等证据，应当认定第四层、第五层存在擅自加建。第四，另案民事判决是对房屋权属进行的分割和划分，不应当作为认定建筑是否合法的依据。判决认定争议建筑不是自行加建，存在错误。市人民检察院遂于 2018 年 11 月 22 日依法向市中级人民法院提出抗诉。

监督结果。市中级人民法院经过审查，于 2018 年 12 月 3 日作出行政裁定书，指令某区人民法院再审。2019 年 1 月 8 日，实业公司向某区人民法院提交撤诉申请。某区人民法院依照《中华人民共和国行政诉讼法》第六十二条之规定，裁定：（1）撤销本院原行政判决书；（2）准许实业公司撤回对市住建局的起诉。

2019 年 3 月 6 日，市中级人民法院对实业公司另案起诉的市住建局强制拆除行为违法及赔偿纠纷案作出终审行政判决，认定实业公司提交的案涉大厦规划许可证件等文件中 5674.62 平方米是经涂改后的面积，规划许可建筑面积应为 5074.62 平方米。实业公司对法院认定的上述事实无异议。该案最终判决驳回实业公司的诉讼请求。对变造证据行为的责任追究，另案处理。

【指导意义】

1. 人民检察院办理行政诉讼监督案件，应当秉持客观公正立场，既注重保护公民、法人和其他组织的合法权益，也注重支持合法的行政行为，保护国家利益和社会公共利益。人民检察院行政诉讼监督的重要任务是维护社会公平正义，监督人民法院依法审判和执行，促进行政机关依法行政。人民检察院是国家的法律监督机关，应当居中监督，不偏不倚，依法审查人民法院判决、裁定所基于的事实根据和法律依据，发现行政判决、裁定确有错误，符合法定监督条件的，依法提出抗诉或再审检察建议。本案中，人民检察院通过抗诉，监督人民法院纠正了错误判决，保护了国家利益，维护了社会公平正义。

2. 人民检察院依职权对行政裁判结果进行监督，不以当事人申请法院再审为前提。按照案件来源划分，对行政裁判结果进行监督分为当事人申请监督和依职权监督两类。法律规定当事人在申请检察建议或抗诉之前应当向法院提出再审申请，目的是防止当事人就同一案件重复申请、司法机关多头审查。人民检察院是国家的法律监督机关，是公共利益的代表，担负着维护司法公正、保证法律统一正确实施、维护国家利益和社会公共利益的重要任务，对于符合《人民检察院行政诉讼监督规则（试行）》第九条规定的行政诉讼案件，应当从监督人民法院依法审判、促进行政机关依法行政的目的出发，充分发挥检察监督职能作用，依职权主动进行监督，不受当事人是否申请再审的限制。本案中，虽然当事人未上诉也未向法院申请再审，但人民检察院发现存在损害国家利益的情形，遂按照《人民检察院行政诉讼监督规则（试行）》第九条第一项的规定，依职权启动了监督程序。

3. 人民检察院进行行政诉讼监督，通过书面审查卷宗、当事人提供的材料等对有关案件事实难以认定的，应当进行调查核实。《中华人民共和国人民检察院组织法》规定，人民检察院行使法律监督权，可以进行调查核实。办理行政诉讼监督案件，通过对卷宗、当事人提供的材料等进行书面审查后，对有关事实仍然难以认定的，为查清案件事实，确保精准监督，应当进行调查核实。根据《人民检察院行政诉讼监督规则（试行）》等相关规定，调查核实可以采取以下措施：（1）查询、调取、复制相关证据材料；（2）询问当事人或者案外人；（3）咨询专业人员、相关部门或者行业协会等对专门问题的意见；（4）委托鉴定、评估、审计；（5）勘验物证、现场；（6）查明案件事实所需要采取的其他措施。调查核实的目的在于查明人民法院的行政判决、裁定是否存在错误，审判和执行活动是否符合法律规定，为决定是否监督提供依据和参考。本案中，市住建局作出复函时已有事实根据和法律依据，并在诉讼中及时向法庭提交，但法院因采信原告提供的虚假证据作出了错误判决。检察机关通过调查核实，向原审人民法院调取案件卷宗，向规划部门调取规划许可证件等文件原件，向出具书证的不动产登记中心及工作人员了解询问规划许可证件等文件复印件的形成过程，进而查明原审判决采信的关键证据存在涂改，为检察机关依法提出抗诉提供了根据。

**【相关规定】**

《中华人民共和国人民检察院组织法》第六条、第二十一条

《中华人民共和国行政诉讼法》第九十一条、第九十三条、第一百零一条

《中华人民共和国民事诉讼法》第二百一十条

《人民检察院行政诉讼监督规则（试行)》第九条、第十三条、第三十六条

《人民检察院民事诉讼监督规则（试行)》第六十六条

# 浙江省某市国土资源局申请强制执行杜某非法占地处罚决定监督案

## （检例第 58 号）

**【关键词】** 行政非诉执行监督　违法占地　遗漏请求事项专项监督

**【要　旨】**

人民检察院行政非诉执行监督要发挥监督法院公正司法、促进行政机关依法行政的双重监督功能。发现人民法院对行政非诉执行申请裁定遗漏请求事项的，应当依法监督。对于行政非诉执行中的普遍性问题，可以以个案为切入点开展专项监督活动。

**【基本案情】**

2014 年 5 月，浙江省某市某区某镇村民杜某未经批准，擅自在该村占用土地 681.46 平方米，其中建造活动板房 112.07 平方米，硬化水泥地面 569.39 平方米。市国土资源局认为杜某的行为违反了《中华人民共和国土地管理法》和《基本农田保护条例》规定，根据《中华人民共和国土地管理法》第七十六条、《中华人民共和国土地管理法实施条例》第四十二条及《浙江省国土资源行政处罚裁量权执行标准》规定，作出行政处罚决定：（1）责令退还非法占用土地 681.46 平方米；（2）对其中符合土地利用总体规划的 45.46 平方米土地上的建筑物和设施，予以没收；（3）对不符合土地利用总体规划的 636 平方米土地（基本农田）上的建筑物和设施，予以拆除；（4）对非法占用规划内土地 45.46 平方米的行为处以每平方米 11 元的罚款，非法占用规划外土地 636 平方米的行为处以每平方米 21 元的罚款，共计人民币 13856.06 元。杜某在规定的期限内未履行该处罚决定第 3 项和第 4 项内容，亦未申请行政复议或提起行政诉讼，经催告仍未履行。市国土资源局遂于 2017 年 7 月 21 日向某市某区人民法院申请强制执行杜某违法占地行政处罚决定第 3 项和第 4 项内容。区人民法院立案受理后，于 2017 年 7 月 25 日作出行政裁定书，裁定准予执行市国土资源局行政处罚决定第 3 项内容，并由某镇政府组织实施。某镇政府未在法定期限内执行法院裁定。

**【检察机关监督情况】**

线索发现。区人民检察院在办理其他案件过程中发现该案线索。经初步调查了解，某镇政府未根据法院裁定书内容组织实施拆除，土地未恢复至复耕条件，杜某也未履行缴纳罚款的义务，遂依职权启动监督程序。

调查核实。根据案件线索，检察机关重点开展了以下调查核实工作：一是向法院调阅了案件卷宗材料；二是向当地国土管理部门工作人员了解案涉行政处罚决定执行情况和申请法院强制执行的情况；三是检察人员到违法占地现场进行实地查看。最终查明：市国土资源局的行政处罚决定有充分的事实根据，申请法院强制执行符合法律规定，目前行政处罚决定中罚款仍未缴纳，法院裁定拆除的地上建筑物和设施亦未被拆除。

监督意见。2018 年 5 月，区人民检察院分别向区人民法院和某镇政府提出检察建议，建议区人民法院查明该案未就行政处罚决定第 4 项罚款作出裁定的原因，并依法处理，建议某镇政府查明违法建筑物和设施未拆除的原因，并依法处置。

监督结果。区人民法院收到检察建议后于 2018 年 5 月 30 日作出补充裁定，准予强制执行市国土资源局作出的 13856.06 元罚款决定，7 月该款执行到位。某镇政府收到检察建议后，迅速行动，案涉违法建筑物和设施于 2018 年 7 月被拆除。

专项监督。区人民检察院在办理该案过程中，发现农村违法占地行政处罚未执行到位问题突出，遂决定就国土资源领域行政非诉执行开展专项监督活动，共监督法院裁定遗漏强制执行请求事项等案件 17 件，乡镇街道未执行法院裁判文书确定的义务案件 18 件。市人民检察院通过认真研究后发现辖区内类似问题较多，遂于 2018 年 5 月在全市检察机关开展专项监督活动。截至 2019 年 2 月专项活动结束时，通过检察机关监督，全市共整治拆除各类违法建筑物及设施 45.5 万平方米，恢复土地原状 23 万平方米，退还非法占用土地 21.7 万平方米。市中级人民法院针对检察机关专项监督活动中发现的问题，在全市法院系统开展专项评查，有效规范了行政非诉执行的受理、审查和实施等活动。

**【指导意义】**

1. 人民检察院履行行政非诉执行监督职能，应当发挥既监督人民法院公正司法又促进行政机关依法行政的双重功能，实现双赢多赢共赢。行政非诉执行监督对于促进人民法院依法、公正、高效履行行政非诉执行职能，促进行政机关依法履行职责，维护公共利益和社会秩序，保护公民、法人和其他组织的合法权益，具有重要作用。人民检察院对人民法院行政非诉执行的受理、审查和实施等各个环节开展监督，针对存在的违法情形提出检察建议，有利于促进人民法院依法审查行政决定、正确作出裁定并实施，防止对违法的行政决定予以强制执行，保护行政相对人的合法权益。开展行政非诉执行监督，应当注意审查行政行为的合法性，包括是否具备行政主体资格、是否明显缺乏事实根据、是否明显缺乏法律法规依据、是否损害被执行人合法权益等。对于行政行为明显违法，人民法院仍裁定准予执行的，应当向人民法院和行政机关提出检察建议予以纠正，防止被执行人合法权益受损。对于行政行为符合法律规定的，应当引导行政相对人依法履行法定义务，支持行政机关依法行政。

2. 人民法院对行政非诉执行申请裁定遗漏请求事项的，人民检察院应当依法提出检察建议予以监督。根据《中华人民共和国行政强制法》第五十七条和第五十八条的规定，人民法院受理行政机关强制执行申请后进行书面审查，应当对行政机关提出的强制执行申请请求事项作出是否准予执行的裁定。本案中，市国土资源局向区人民法院申请强制执行的项目中包括强制执行13856.06元罚款，但区人民法院却未对该请求事项予以裁定，致使罚款无法通过强制执行方式收缴，影响了行政决定的公信力。人民检察院应当对人民法院遗漏申请事项的裁定依法提出检察建议予以纠正。

3. 人民检察院应当坚持在办案中监督、在监督中办案的理念，在办理行政非诉执行监督案件过程中，注重以个案为突破口，积极开展专项活动，促进一个区域内一类问题的解决。人民检察院履行行政非诉执行监督职责，要注重举一反三，深挖细查，以小见大，以点带面，针对人民法院行政非诉执行受理、审查和实施等各个环节存在的普遍性问题开展专项活动，实现办理一案、影响一片的监督效果。某市两级检察机关在成功办理本案的基础上，开展专项监督活动，有力推进了全市国土资源领域"执行难"等问题的解决，促进了行政管理目标的实现。市中级人民法院针对检察机关专项监督活动中发现的问题，在全市法院系统开展专项评查，规范了行政非诉执行活动。

**【相关规定】**

《中华人民共和国行政诉讼法》第十一条、第九十七条、第一百零一条

《中华人民共和国民事诉讼法》第二百三十五条

《中华人民共和国行政强制法》第五十三条、第五十七条、第五十八条

《人民检察院行政诉讼监督规则（试行）》第二十九条

最高人民法院、最高人民检察院《关于民事执行活动法律监督若干问题的规定》第一条、第二十一条

《人民检察院检察建议工作规定》第十一条

# 湖北省某县水利局申请强制执行
# 肖某河道违法建设处罚决定监督案

## （检例第 59 号）

**【关键词】** 行政非诉执行监督　河道违法建设　强制拆除

**【要　旨】**

办理行政非诉执行监督案件，应当查明行政机关对相关事项是

否具有直接强制执行权，对具有直接强制执行权的行政机关向人民法院申请强制执行，人民法院不应当受理而受理的，应当依法进行监督。人民检察院在履行行政非诉执行监督职责中，发现行政机关的行政行为存在违法或不当履职情形的，可以向行政机关提出检察建议。

**【基本案情】**

2011年9月，湖北省某县村民肖某未经许可，擅自在某水库库区（河道）管理范围内316国道某大桥下建房（房基）5间，占地面积289.8平方米。2011年11月3日，某县水利局根据《中华人民共和国水法》第六十五条作出《行政处罚决定书》，要求肖某立即停止在桥下建房的违法行为，限7日内拆除所建房屋，恢复原貌；罚款5万元；并告知肖某不服处罚决定申请复议和提起诉讼的期限，注明期满不申请复议、不起诉又不履行处罚决定，将依法申请人民法院强制执行。肖某在规定的期限内未履行该处罚决定，亦未申请复议或提起行政诉讼。2012年3月29日，县水利局向法院申请强制执行。2012年4月23日，县人民法院作出行政裁定书，裁定准予执行行政处罚决定，责令肖某履行处罚决定书确定的义务。但肖某未停止违法建设，截至2017年4月，肖某已在河道区域违法建成四层房屋，建筑面积约520平方米。

**【检察机关监督情况】**

线索发现。县人民检察院于2017年4月通过某日报《"踢皮球"执法现象何时休？》的报道发现案件线索，依职权启动监督程序。检察机关经调查发现，肖某在河道内违法建设的行为持续多年，违反了国家河道管理规定，违法建筑物严重影响行洪、防洪安全。水利局和法院对违法建筑物未被强制拆除的原因则各执一词。法院认为，对违反水法的建筑物，水利局是法律明确授予强制执行权的行政机关，法院不能作为该案强制执行主体。但水利局认为，其没有强制执行手段，应当由法院强制执行。

监督意见。检察机关审查认为：法律没有赋予水利局采取查封、扣押、冻结、划拨财产等强制执行措施的权力，对于不缴纳罚款的，水利局可以向法院申请强制执行；但根据行政强制法和水法等相关规定，水利局对于河道违法建筑物具有强行拆除的权力，不应当向法院申请强制执行。因此，水利局向法院申请执行行政处罚决定中的拆除违法建筑物部分，法院不应当受理而受理并裁定准予执行，违反法律规定。县人民检察院于 2017 年 5 月向县水利局提出检察建议，建议其依法强制拆除违法建筑物；同年 8 月向县人民法院提出检察建议，建议其依法履职、规范行政非诉执行案件受理等工作。

监督结果。县水利局收到检察建议后，立即向当地党委政府报告。在县委、县政府的大力支持下，河道违法建筑物被依法拆除。县人民法院收到检察建议后，回复表示今后要加强案件审查，对行政机关具有强制执行权而向法院申请强制执行的案件裁定不予受理。

**【指导意义】**

1. 人民检察院办理行政非诉执行监督案件，应当依法查明行政机关对相关事项是否具有直接强制执行权。我国行政强制法规定的行政强制执行，包括行政机关直接强制执行和行政机关申请人民法院强制执行两种类型。法律赋予某些行政机关以直接强制执行权的主要目的是提高行政效率，及时执行行政决定。如果行政机关有直接强制执行权，又向人民法院申请执行，不但浪费司法资源，而且容易引起相互推诿，降低行政效率。人民检察院办理行政非诉执行监督案件，应当查明行政机关是否具有直接强制执行权，对具有直接强制执行权的行政机关向人民法院申请强制执行，人民法院不应当受理而受理的，应当依法进行监督。《中华人民共和国水法》第六十五条第一款规定："在河道管理范围内建设妨碍行洪的建筑物、构筑物，或者从事影响河势稳定、危害河岸堤防安全和其他妨碍河道行洪的活动的，由县级以上人民政府水行政主管部门或者流域管理机构依据职权，责令停止违法行为，限期拆除违法建筑物、构筑物，恢复原状；逾期不拆除、不恢复原状的，强行拆除……"根据上述规定，对河道管理范围内妨碍行洪的建筑物、构筑物，水行政主管部门具有直接强行拆除的权力。但在本案中，水利局本应直接强制执行，却向人民法院申请执行，人民法院不应当受理而受理、不应当裁定准予执行而裁定准予执行，致使两个单位相互推诿，河道安全隐患长期得不到消除，人民检察院依法提出检察建议，促进了问题的解决。

2. 人民检察院在履行行政非诉执行监督职责中，发现行政机关的行政行为存在违法或不当履职情形的，可以向行政机关提出检察建议。《人民检察院检察建议工作规定》第十一条规定，"人民检察院在办理案件中发现社会治理工作存在下列情形之一的，可以向有关单位和部门提出改进工作、完善治理的检察建议：……（四）相关单位或者部门不依法及时履行职责，致使个人或者组织合法权益受到损害或者存在损害危险，需要及时整改消除的；……"根据上述规定，检察机关发现行政机关向人民法院提出强制执行申请存在不当，怠于履行法定职责的，应当向行政机关提出检察建议。对由于行政机关违法行为致使损害持续存在甚至继续扩大的，应当更加重视，优先快速办理，促进行政执行效率提高，及时消除损害、减少损失，维护人民群众的合法权益。本案中，检察机关针对水利局怠于履职行为，依法提出检察建议，促使河道违法建筑物被拆除，保障了行洪、泄洪安全，保护了当地人民群众的生命财产安全。

**【相关规定】**

《中华人民共和国行政诉讼法》第二十五条、第九十七条、第

一百零一条

《中华人民共和国民事诉讼法》第二百三十五条

《中华人民共和国行政强制法》第四条、第十三条、第三十四条、第四十四条、第五十三条

《中华人民共和国水法》第三十七条、第六十五条

《人民检察院行政诉讼监督规则（试行）》第二十九条

《人民检察院检察建议工作规定》第十一条

最高人民检察院
关于印发最高人民检察院
第十六批指导性案例的通知

（2019 年 12 月 20 公布    高检发办字〔2019〕114 号）

各级人民检察院：

经 2019 年 12 月 2 日最高人民检察院第十三届检察委员会第二十八次会议决定，现将刘强非法占用农用地案等四件案例（检例第 60—63 号）作为第十六批指导性案例发布，供参照适用。

最高人民检察院
2019 年 12 月 20 日

# 刘强非法占用农用地案

## （检例第 60 号）

**【关键词】** 非法占用农用地罪　永久基本农田　"大棚房"
非农建设改造

**【要　旨】**

行为人违反土地管理法规，在耕地上建设"大棚房""生态园""休闲农庄"等，非法占用耕地数量较大，造成耕地等农用地大量毁坏的，应当以非法占用农用地罪追究实际建设者、经营者的刑事责任。

**【基本案情】**

被告人刘强，男，1979 年 10 月出生，北京大道千字文文化发展有限公司法定代表人。2008 年 1 月，因犯敲诈勒索罪被北京市海淀区人民法院判处有期徒刑二年，缓刑二年。

2016 年 3 月，被告人刘强经人介绍以人民币 1000 万元的价格与北京春杰种植专业合作社（以下简称合作社）的法定代表人池杰商定，受让合作社位于延庆区延庆镇广积屯村东北蔬菜大棚 377 亩集体土地使用权。同年 4 月 15 日，刘强指使其司机刘广岐与池杰签订转让意向书，约定将合作社土地使用权及地上物转让给刘广岐。同年 10 月 21 日，合作社的法定代表人变更为刘广岐。其间，刘强未经国土资源部门批准，以合作社的名义组织人员对蔬菜大棚园区进行非农建设改造，并将园区命名为"紫薇庄园"。截至 2016 年 9 月 28 日，刘强先后组织人员在园区内建设鱼池、假山、规划外道路等设施，同时将原有蔬菜大棚加高、改装钢架，并将其一分为二，在其中各建房间，每个大棚门口铺设透水砖路面，外垒花墙。截至案发，刘强组织人员共建设"大棚房"260余套（每套面积350平方米至550平方米不等，内部置橱柜、沙发、藤椅、马桶等各类生活起居设施），并对外出租。经北京市国土资源局延庆分局组织测绘鉴定，该项目占用耕地28.75亩，其中含永久基本农田22.84亩，造成耕地种植条件被破坏。

截至2017年4月，北京市规划和国土资源管理委员会、延庆区延庆镇人民政府先后对该项目下达《行政处罚决定书》《责令停止建设通知书》《限期拆除决定书》，均未得到执行。2017年5月，延庆区延庆镇人民政府组织有关部门将上述违法建设强制拆除。

**【指控与证明犯罪】**

2017年5月10日，北京市国土资源局延庆分局向北京市公安局延庆分局移送刘广岐涉嫌非法占用农用地一案，5月13日，北京市公安局延庆分局对刘广岐涉嫌非法占用农用地案立案侦查，经调查发现刘强有重大嫌疑。2017年12月5日，北京市公安局延庆分局以刘强涉嫌非法占用农用地罪，将案件移送北京市延庆区人民检察院审查起诉。

审查起诉阶段，刘强拒不承认犯罪事实，辩称：1.自己从未参与紫薇庄园项目建设，没有实施非法占地的行为。2.紫薇庄园项目的实际建设者、经营者是刘广岐。3.自己与紫薇庄园无资金往来。4.蔬菜大棚改造项目系设施农业，属于政府扶持项目，不属于违法行为。刘广岐虽承认自己是合作社的法定代表人、项目建设的出资人，但对于转让意向书内容、资金来源、大棚内施工建设情况语焉不详。

为进一步查证紫薇庄园的实际建设者、经营者，北京市延庆区人民检察院将案件退回公安机关补充侦查，要求补充查证：1. 调取刘强、刘广岐、池杰、张红军（工程承包方）之间的资金往来凭证，核实每笔资金往来的具体操作人，对全案账目进行司法会计鉴定，了解资金的来龙去脉，查实资金实际出让人和受让人。2. 寻找关键证人会计李祥彬，核实合作社账目与刘强个人账户的资金往来，确定刘强、刘广岐在紫薇庄园项目中的地位作用。3. 就测量技术报告听取专业测量人员的意见，查清所占耕地面积。

经补充侦查，北京市公安局延庆分局收集到证人李祥彬的证言，证实了合作社是刘强出资从池杰手中购买，李祥彬受刘强邀请负责核算合作社的收入和支出。会计师事务所出具的司法鉴定意见书，证实了资金往来去向。在补充侦查过程中，侦查机关调取了紫薇庄园临时工作人员胡楠等人的证言，证实刘广岐是刘强的司机；刘广岐受刘强指使在转让意向书中签字，并担任合作社法定代表人，但其并未与刘强共谋参与非农建设改造事宜。针对辩护律师对测量技术报告数据的质疑，承办检察官专门听取了参与测量人员的意见，准确掌握所占耕地面积。

2018 年 5 月 23 日，北京市延庆区人民检察院以刘强犯非法占用农用地罪向北京市延庆区人民法院提起公诉。7 月 2 日，北京市延庆区人民法院公开开庭审理了本案。

法庭调查阶段，公诉人宣读起诉书，指控被告人刘强违反土地管理法规，非法占用耕地进行非农建设改造，改变被占土地用途，造成耕地大量毁坏，其行为构成非法占用农用地罪。针对以上指控的犯罪事实，公诉人向法庭出示了四组证据予以证明：

一是现场勘测笔录、《测量技术报告书》《非法占用耕地破坏程度鉴定意见》、现场照片 78 张等，证明紫薇庄园园区内存在非法占地行为，改变被占土地用途且数量较大，造成耕地大量毁坏。

二是合作社土地租用合同，设立、变更登记材料，转让意向书，合作社大棚改造工程相关资料，延庆镇政府、北京市国土资源局延庆分局提供的相关书证等证据，证明合作社土地使用权受让相关事宜，以及未经国土资源部门批准，刘强擅自对园区土地进行非农建设改造，并拒不执行行政处罚。

三是司法鉴定意见书、案件相关银行账户的交易流水及凭证、合作社转让改造项目的参与人证言及被告人的供述与辩解等证据材料，证明刘强是紫薇庄园非农建设改造的实际建设者、经营者及合作社改造项目资金来源、获利情况等。

四是紫薇庄园宣传材料、租赁合同、大棚房租户、池杰、李祥彬证人证言等，证明刘强修建大棚共 196 个，其中东院 136 个，西院 60 个，每个大棚都配有耳房，面积约 10 至 20 平方米；刘强将大棚改造后，命名为"紫薇庄园"对外宣传，"大棚房"内有休闲、娱乐、居住等生活设施，对外出租，造成不良社会影响。

被告人刘强对公诉人指控的上述犯罪事实没有异议，当庭认罪。

法庭辩论阶段，公诉人发表了公诉意见，指出刘强作为合作社的实际建设者、经营者，在没有行政批准的情况下，擅自对园区内农用地进行非农建设改造并对外出租，造成严重危害，应当追究刑事责任。

辩护人提出：1. 刘强不存在主观故意，社会危害性小。2. 建造蔬菜"大棚房"符合设施农业政策。3. 刘强认罪态度较好，主动到公安机关投案，具有自首情节。4. 起诉书中指控的假山、鱼池等设施，仅在测量报告中有描述且描述模糊。5. 相关设施已被有关部门拆除。请求法庭对被告人刘强从轻处罚。

公诉人针对辩护意见进行答辩：

第一，刘强受让合作社时指使司机刘广岐代其签字，证明其具有规避法律责任的行为，主观上存在违法犯罪的故意，刘强非法占用农用地，造成大量农用地被严重毁坏，其行为具有严重社会危害性。

第二，关于符合国家政策的说法不实，农业大棚与违法建造的非农"大棚房"存在本质区别，刘强建设的"大棚房"集休闲、娱乐、居住为一体，对农用地进行非农改造，严重违反土地管理法和永久基本农田保护政策。该项目因违法建设受到行政处罚，但刘强未按照处罚决定积极履行耕地修复义务，直至案发，也未缴纳行政罚款，其行为明显违法。

第三，刘强直到开庭审理时才表示认罪，不符合自首条件。

第四，测量技术报告对案发时合作社建设情况作了详细的记录和专业说明，现场勘验笔录和现场照片均证实了蔬菜大棚改造的实际情况，另有相关证人证言也能证实假山、鱼池存在。

第五，违法设施应由刘强承担拆除并恢复原状的责任，有关行政部门进行拆除违法设施，恢复耕地的行为，不能成为刘强从轻处罚的理由。

法庭经审理，认为公诉人提交的证据能够相互印证，予以确认。对辩护人提出的被告人当庭认罪态度较好的辩护意见予以采纳，其他辩护意见缺乏事实依据，不予采纳。2018年10月16日，北京市延庆区人民法院作出一审判决，以非法占用农用地罪判处被告人刘强有期徒刑一年六个月，并处罚金人民币五万元。一审宣判后，被告人刘强未上诉，判决已生效。

刘广岐在明知刘强是合作社非农建设改造的实际建设者、经营者，且涉嫌犯罪的情况下，故意隐瞒上述事实和真相，向公安机关做虚假证明。经北京市延庆区人民检察院追诉，2019年3月13日，北京市延庆区人民法院以包庇罪判处被告人刘广岐有期徒刑六个月。一审宣判后，被告人刘广岐未上诉，判决已生效。

本案中，延庆镇规划管理与环境保护办公室虽然采取了约谈、下发《责令停止建设通知书》和《限期拆除决定书》等方式对违法建设予以制止，但未遏制住违法建设，履职不到位，北京市延庆区监察委员会给予延庆镇副镇长等3人行政警告处分，1人行政记过处分，广积屯村村党支部给予该村党支部书记党内警告处分。

【指导意义】

十分珍惜、合理利用土地和切实保护耕地是我国的基本国策。近年来，随着传统农业向产业化、规模化的现代农业转变，以温室大棚为代表的设施农业快速发展。一些地区出现了假借发展设施农业之名，擅自或者变相改变农业用途，在耕地甚至永久基本农田上建设"大棚房""生态园""休闲农庄"等现象，造成土地资源被大量非法占用和毁坏，严重侵害农民权益和农业农村的可持续发展，在社会上造成恶劣影响。2018年，自然资源部和农业农村部在全国开展了"大棚房"问题专项整治行动，推进落实永久基本农田保护制度和最严格的耕地保护政策。在基本农田上建设"大棚房"予以出租出售，违反《中华人民共和国土地管理法》，属于破坏耕地或者非法占地的违法行为。非法占用耕地数量较大或者造成耕地大量毁坏的，应当以非法占用农用地罪追究实际建设者、经营者的刑事责任。

该类案件中，实际建设者、经营者为逃避法律责任，经常隐藏于幕后。对此，检察机关可以通过引导公安机关查询非农建设项目涉及的相关账户交易信息、资金走向等，辅以相关证人证言，形成严密证据体系，查清证实实际建设者、经营者的法律责任。对于受其操控签订合同或者作假证明包庇，涉嫌共同犯罪或者伪证罪、包庇罪的相关行为人，也要一并查实惩处。对于非法占用农用地面积这一关键问题，可由专业机构出具测量技术报告，必要时可申请测量人员出庭作证。

【相关规定】

《中华人民共和国刑法》第三百一十条、第三百四十二条

《全国人民代表大会常务委员会关于〈中华人民共和国刑法〉第二百二十八条、第三百四十二条、第四百一十条的解释》

《中华人民共和国土地管理法》第七十五条

《最高人民法院关于审理破坏土地资源刑事案件具体应用法律若干问题的解释》第三条

《最高人民检察院、公安部关于公安机关管辖的刑事案件立案追诉标准的规定（一）》第六十七条

附：刘强非法占用农用地案相关照片

图一　刘强改造后的"大棚房"内部生活设施

图二　刘强改造后的"大棚房"外部情况

图三　刘强所修建的假山、鱼池及硬化道路

图四　刘强对外发布的宣传广告

# 王敏生产、销售伪劣种子案

## （检例第 61 号）

**【关键词】** 生产、销售伪劣种子罪　假种子　农业生产损失认定

**【要　旨】**

以同一科属的此品种种子冒充彼品种种子，属于刑法上的"假种子"。行为人对假种子进行小包装分装销售，使农业生产遭受较大损失的，应当以生产、销售伪劣种子罪追究刑事责任。

**【基本案情】**

被告人王敏，男，1991 年 3 月出生，江西农业大学农学院毕业，原四川隆平高科种业有限公司（以下简称隆平高科）江西省宜春地区区域经理。

2017 年 3 月，江西省南昌县种子经销商郭宝珍询问隆平高科的经销商之一江西省丰城市"民生种业"经营部的闵生如、闵蜀蓉父子（以下简称闵氏父子）是否有"T 优 705"水稻种子出售，在得到闵蜀蓉的肯定答复并报价后，先后汇款共 30 万元给闵生如用于购买种子。

闵氏父子找到王敏订购种子，王敏向隆平高科申报了"陵两优711"稻种计划，后闵生如汇款 20 万元给隆平高科作为订购种子款（单价 13 元/公斤）。王敏找到金海环保包装有限公司的曹传宝，向其提供制版样式，印制了标有"四川隆平高科种业有限公司""T优 705"字样的小包装袋 29850 个。收到隆平高科寄来的"陵两优

711"散装种子后，王敏请闵氏父子帮忙雇工人将运来的散装种子分装到此前印好的标有"T优705"的小包装袋（每袋1公斤）内，并将分装好的24036斤种子运送给郭宝珍。郭宝珍销售给南昌县等地的农户。农户播种后，禾苗未能按期抽穗、结实，导致200余户农户4000余亩农田绝收，造成直接经济损失460余万元。

经查，隆平高科不生产"T优705"种子，其生产的"陵两优711"种子也未通过江西地区的审定，不能在江西地区进行终端销售。

**【指控与证明犯罪】**

2018年5月8日，江西省南昌县公安局以王敏涉嫌销售伪劣种子罪，将案件移送南昌县人民检察院审查起诉。

审查起诉阶段，王敏辩称自己的行为不构成犯罪，不知道销售的种子为伪劣种子。王敏还辩解：1.印制小包装袋经过隆平高科的许可。2.自己没有请工人进行分装，也没有进行技术指导。3.没有造成大的损失。

检察机关审查认为，现有证据足以认定犯罪嫌疑人王敏将"陵两优711"冒充"T优705"销售给农户，但其是否明知为伪劣种子、"陵两优711"是如何变换成"T优705"的、隆平高科是否授权王敏印刷小包装袋、造成的损失如何认定、哪些人员涉嫌犯罪等问题，有待进一步查证。针对上述问题，南昌县人民检察院两次退回公安机关补充侦查，要求公安机关补充收集订购种子的货运单、合同、签收单、交易记录等书证；核实印制小包装袋有无得到隆平高科的授权，是否有合格证等细节；种子从四川发出，中途有无调换等，"陵两优711"是怎么变换成"T优705"的物流情况；对于损失认定，充分听取辩护人及受害农户的意见，收集受害农户订购种子数量的原始凭证等。

经补充侦查，南昌县公安局进一步收集了物流司机等人的证言、农户购买谷种小票、农作物不同生长期照片、货运单、王敏任职证明等证据。物流司机证言证明货物没有被调换，但货运单上只写了种子，并没有写明具体的种子品名；隆平高科方面一致声称王敏订购的是"陵两优711"，出库单上也注明是"陵两优711"（散子），散子销售不受区域限制，并且该公司从不生产"T优705"；而闵氏父子辩称自己是应农户要求订购"T优705"，到货也是应王敏要求提供场地，王敏代表公司进行分装。因双方没有签订种子订购合同且各执一词，无法查实闵氏父子订购的是哪种种子。但可以明确的是2010年5月17日广西农作物品种审定委员会对"陵两优711"审定通过，可在桂南稻作区或者桂中稻作区南部适宜种植感光型品种的地区作为晚稻种植，在江西省未审定通过。王敏作为隆平高科的区域经理，对公司不生产"T优705"种子应该明知，对"陵两优711"在江西省未被审定通过也应明知。另查实，隆平高科从未授权王敏进行设计、印制"T优705"小包装袋。

针对损失认定，公安机关补充收集了购种票据、证人证言等，认定南昌县及其他地区受害农户合计205户，绝收面积合计4000余亩。为评估损失，公安机关开展现场勘查，邀请农科院土肥、农业、气象方面专家进行评估。评估认定：1. 南昌县部分稻田种植的"陵两优711"尚处始穗期，已无法正常结实，导致绝收。2. 2017年10月下旬评估时，部分稻田种植的"陵两优711"处于齐穗期，但南昌地区晚稻的安全齐穗期是9月20日左右，根据南昌往年气象资料，10月下旬齐穗的水稻将会受到11月份低温影响，无法正常结实，严重时会绝收。3. 根据种子包装袋上注明的平均亩产444.22公斤的数据，结合南昌县往年晚稻平均亩产量，考虑到晚稻因品种和种植方式不同存在差异，产量评估可以以种子包装袋上注明的平均亩产444.22公斤为依据，结合当年晚稻平均单价2.60元/公斤计算损失。205户农户因种植假种子造成的经济损失为444.22

公斤/亩×2.60元/公斤×4000亩＝4619888元。

综合上述证据情况，检察机关采信评估意见，认定损失为461万余元，王敏及辩护人对此均不再提出异议。

2018年7月16日，南昌县人民检察院以被告人王敏犯生产、销售伪劣种子罪向南昌县人民法院提起公诉。9月10日，南昌县人民法院公开开庭审理了本案。

法庭调查阶段，公诉人宣读起诉书指控被告人王敏身为隆平高科宜春地区区域经理，负有对隆平高科销售种子的质量进行审查监管的职责，其将未通过江西地区审定的"陵两优711"种子冒充"T优705"种子，违背职责分装并销售，使农业生产遭受特别重大损失，其行为构成生产、销售伪劣种子罪。针对以上指控的犯罪事实，公诉人向法庭出示了四组证据予以证明：

一是被告人王敏的立案情况及任职身份信息，证明王敏从农业大学毕业后就从事种子销售业务，有着多年的种子销售经验。2015年8月至2018年2月在隆平高科从事销售工作，身份是江西宜春地区区域经理，职责是介绍和推广公司种子，并代表公司销售种子，对所销售的种子品种、质量负责。

二是相关证人证言，证明王敏接受闵氏父子种子订单，并向公司订购了"陵两优711"种子，印制"T优705"小包装袋分装种子并予以冒充销售。其中，闵蜀蓉证言证明郭宝珍需要"T优705"种子，自己向王敏提出采购种子计划，王敏表示有该种种子，并承诺有提成；证人曹传宝等的证言，证明其按王敏要求印制了"T优705"种子小包装袋，王敏予以签字确认。证人闵生如的证言，证明王敏明知印制"T优705"小包装袋用于包装"陵两优711"种子，仍予以签字确认。

三是相关证人证言，证明四川隆平高科研发、运送"陵两优711"到江西丰城等情况。其中，四川隆平高科副总张友强证言证明：王敏向隆平高科江西省级负责人杨剑辉报购了订购"陵两优711"计划；杨剑辉证言证明公司收到"陵两优711"计划并向江西发出"陵两优711"散子，该散子可以销往江西，由江西有资质的经销商卖到广西，但不能在江西直接销售。隆平高科票据显示收到王敏订购"陵两优711"计划并发货至江西。

四是造成损失情况、相关鉴定意见及被害人陈述、证人证言等，证明农户购买种子后造成绝收等损失。

王敏对以上证据无异议，但提出在小包装袋印制版式上签字是闵生如让他签的。

法庭辩论阶段，被告人王敏及其辩护人认为王敏没有主观犯罪故意，其行为不构成犯罪。

公诉人针对辩护意见进行答辩：

第一，从主观方面看，王敏明知公司不生产"T优705"种子，却将其订购的"陵两优711"分装成"T优705"予以销售。王敏主观上明知销售的种子不是订购时的种子，仍对种子进行名实不符的分装，具有销售伪劣种子的主观故意。

第二，从职责角度看，不论王敏还是四川隆平高科的工作人员，都证明所有种子订购，是由经销商报单给区域经理，区域经理再报单给公司，公司发货后，由区域经理分销。王敏作为四川隆平高科宜春地区区域经理，具有对种子质量进行审查的职责，其明知隆平高科不生产"T优705"种子，出于牟利，仍以此种子冒充彼种子进行包装、销售，具备犯罪故意，社会危害性大。

第三，王敏的供述证明，其实施了"在百度上搜索'T优705'及'T优705'审定公告内容"的行为，并将手机上搜索到的"T优705"种子包装袋版式提供给印刷商，后在"T优705"包装袋版式上签字；曹传宝和李亚东（江西运城制版有限公司设计师）都证实"T优705"小包装袋的制版、印刷都是王敏主动联系，还拿出公司的授权书给他们看，并特别交代要在印刷好的袋子上打一个洞，说种子要呼吸；刘英（隆平高科在南昌县的经销商）也证实，从种子公司运过来的种子不可以换其他品种的包装袋卖，这是犯法的事。王敏能够认识"在包装袋印制版式上签字就是对种子的种类、质量负责"的法律意义，仍予以签字。

第四，王敏作为隆平高科的区域经理，实施申报销售计划、设计包装规格、寻找印刷点、签字确认、指导分包作业等行为，均表明王敏积极实施生产、销售伪劣种子犯罪行为，王敏提出是闵生如让他签字，与事实不符，其辩护理由无法成立。

法庭经审理，认为公诉人提交的证据能够相互印证，予以确认。2018 年 10 月 25 日，江西省南昌县人民法院作出一审判决，以生产、销售伪劣种子罪判处被告人王敏有期徒刑八年，并处罚金人民币十五万元。

王敏不服一审判决，提出上诉。其间，王敏及其家属向南昌县农业局支付 460 万元用于赔偿受害农民损失。2018 年 12 月 26 日，南昌市中级人民法院作出终审判决，维持一审法院对上诉人王敏的定性，鉴于上诉期间王敏已积极赔偿损失，改判其有期徒刑七年，并处罚金人民币十五万元。

【指导意义】

生产、销售伪劣种子的行为严重危害国家农业生产安全，损害农民合法利益，及时、准确打击该类犯罪，是检察机关保护农民权益，维护农村稳定的职责。检察机关办理该类案件，应注意把握两方面问题：

（一）以此种子冒充彼种子应认定为假种子。根据刑法第一百四十七条规定，生产、销售假种子，使生产遭受较大损失的，应认定为生产、销售伪劣种子罪。假种子有不符型假种子（种类、名称、产地与标注不符）和冒充型假种子（以甲冒充乙、非种子冒充种子）。现实生活中，完全以非种子冒充种子的，比较少见。犯罪嫌疑人往往抓住种子专业性强、农户识别能力低的弱点，以此种子冒充彼种子或者以不合格种子冒充合格种子进行销售。因农作物生产周期较长，案发较为隐蔽，冒充型假种子往往造成农民投入种植成本，得不到应有收成回报，严重影响农业生产，应当依据刑法予以追诉。

（二）对伪劣种子造成的损失应予综合认定。伪劣种子造成的损失是涉假种子类案件办理时的疑难问题。实践中，可由专业人员根据现场勘查情况，对农业生产产量及其损失进行综合计算。具体可考察以下几方面：一是根据现场实地勘察，邀请农业、气象、土壤等方面专家，分析鉴定农作物牛育期异常的原因，能否正常结实，是减产还是绝收等，分析减产或者绝收面积、产量。二是通过审定的农作物区试平均产量与根据现场调查的往年产量，结合当年可能影响产量的气候、土肥等因素，综合评估平均产量。三是根据农作物市场行情及平均单价等，确定直接经济损失。

【相关规定】

《中华人民共和国刑法》第一百四十七条

《中华人民共和国种子法》第四十九条、第九十一条

《最高人民法院、最高人民检察院关于办理生产、销售伪劣商品刑事案件具体应用法律若干问题的解释》第七条

《最高人民检察院、公安部关于公安机关管辖的刑事案件立案追诉标准的规定（一）》第二十三条

《农作物种子生产经营许可管理办法》第三十三条

# 南京百分百公司等生产、销售伪劣农药案

## （检例第 62 号）

【关键词】 生产、销售伪劣农药罪　借证生产农药　田间试验

【要　旨】

1. 未取得农药登记证的企业或者个人，借用他人农药登记证、生产许可证、质量标准证等许可证明文件生产、销售农药，使生产遭受较大损失的，以生产、销售伪劣农药罪追究刑事责任。

2. 对于使用伪劣农药造成的农业生产损失，可采取田间试验的方法确定受损原因，并以农作物绝收折损面积、受害地区前三年该类农作物的平均亩产量和平均销售价格为基准，综合计算认定损失金额。

【基本案情】

被告单位南京百分百化学有限责任公司（以下简称百分百公司）。

被告单位中土化工（安徽）有限公司（以下简称中土公司）。

被告单位安徽喜洋洋农资连锁有限公司（以下简称喜洋洋公司）。

被告人许全民，男，1971 年 12 月出生，喜洋洋公司法定代表人、百分百公司实际经营人。

被告人朱桦，男，1971 年 3 月出生，中土公司副总经理。

被告人王友定，男，1970 年 10 月出生，安徽久易农业股份有限公司（以下简称久易公司）市场运营部经理。

2014 年 5 月，被告单位喜洋洋公司、百分百公司准备从事 50% 吡蚜酮农药（以下简称吡蚜酮）经营活动，被告人许全民以百

分百公司的名义与被告人王友定商定，借用久易公司吡蚜酮的农药登记证、生产许可证、质量标准证（以下简称"农药三证"）。双方约定：王友定提供吡蚜酮"农药三证"及电子标签，并对百分百公司设计的产品外包装进行审定，百分百公司按久易公司的标准生产并对产品质量负责。经查，王友定擅自出借"农药三证"，久易公司并未从中营利。

2014年5月18日、6月16日，许全民代表百分百公司与中土公司负责销售的副总经理朱桦先后签订4吨（单价93000元）、5吨（单价87000元）采购合同，向朱桦采购吡蚜酮，并约定质量标准、包装标准、付款方式等内容，合同金额计813000元。

2014年5月至6月，中土公司在未取得吡蚜酮"农药三证"的情况下，由朱桦负责采购吡蚜酮的主要生产原料，安排人员自研配方，生产吡蚜酮。许全民联系设计吡蚜酮包装袋，并经王友定审定，提供给中土公司分装。该包装袋印制有百分百公司持有的"金鼎"商标，久易公司获得批准的"农药三证"，生产企业标注为久易公司。同年6月至8月，中土公司先后向百分百公司销售吡蚜酮计2324桶（6.972吨），销售金额计629832元。百分百公司出售给喜洋洋公司，由喜洋洋公司分售给江苏多家农资公司，农资公司销售给农户。泰州市姜堰区农户使用该批农药后，发生不同程度的药害，水稻心叶发黄，秧苗矮缩，根系生长受抑制。经调查，初步认定发生药害水稻面积5800余亩，折损面积计2800余亩，造成经济损失计270余万元。经检验，药害原因是因农药中含有烟嘧磺隆（除草剂）成分。但对涉案农药为何混入烟嘧磺隆，被告人无法给出解释，且农药生产涉及原料收购、加工、分装等一系列流程，客观上亦无法查证。

案发后，许全民自动投案并如实供述犯罪事实，朱桦、王友定到案后如实供述犯罪事实。久易公司及王友定向姜堰区农业委员会共同缴纳赔偿款 150 万元，中土公司缴纳赔偿款 150 万元，喜洋洋公司缴纳赔偿款 55 万元，百分百公司及许全民缴纳赔偿款 95 万元，朱桦缴纳赔偿款 80 万元，合计 530 万元。

**【指控与证明犯罪】**

本案由泰州市姜堰区农业委员会于 2015 年 8 月 12 日移送至姜堰区公安局。8 月 14 日，姜堰区公安局立案侦查。2016 年 5 月 13 日，泰州市姜堰区公安局以许全民等涉嫌生产、销售伪劣农药罪移送泰州市姜堰区人民检察院审查起诉。11 月 1 日，泰州市姜堰区人民检察院以被告单位及被告人涉嫌生产、销售伪劣农药罪向泰州市姜堰区人民法院提起公诉。12 月 14 日，泰州市姜堰区人民法院公开开庭审理了本案。

法庭调查阶段，公诉人宣读起诉书，指控被告人及被告单位在无"农药三证"的情况下，生产、销售有药害成分的农药，并造成特别重大损失，其行为构成生产、销售伪劣农药罪。针对以上指控的犯罪事实，公诉人向法庭出示了三组证据予以证明：

一是销售合同、出库清单、协议书等证据，证明被告单位、被告人借证生产、销售农药的事实。

二是田间试验公证书、农作物生产事故技术鉴定书、检验报告等证据，证明被告单位、被告人生产、销售的吡蚜酮中含有烟嘧磺隆（除草剂）成分，是造成水稻受损的直接原因。

三是证人证言、被害人陈述、被告人供述和辩解等证据，证明被告单位、被告人共谋借用"农药三证"，违法生产、销售伪劣农药，造成水稻大面积受损，及农户损失已经得到赔偿的事实。

法庭辩论阶段，被告人及辩护人提出：1. 涉案农药不应认定为伪劣农药，行为人不具有生产伪劣农药的故意。2. 盐城市产品质量监督检验所并非司法鉴定机构，其出具的检验报告不具有证据效力；泰州市农作物事故技术鉴定书是依据农药检测报告等作出的，不应作为定案依据。3. 水稻受损原因不明，不能排除天气、施药方法等因素导致。

公诉人针对辩护意见进行答辩：

第一，虽然因客观原因无法查证涉案农药吡蚜酮如何混入烟嘧磺隆（除草剂）成分，但现有证据足以证明，涉案吡蚜酮含有烟嘧磺隆（除草剂）成分，并造成水稻大面积减产的危害后果，可以认定为伪劣农药。被告单位、被告人无"农药三证"，未按照经国务院农业主管部门审批获得登记的农药配方进行生产，生产完成后未进行严格检验即出厂销售，主观上具有生产、销售伪劣农药的故意。

第二，盐城市产品质量监督检验所具有农药成分检验资质，其出具的检验报告符合书证有关要求，可证明涉案吡蚜酮含有烟嘧磺隆（除草剂）成分这一事实。泰州市农业委员会依据该检验报告和田间试验结果出具的《农作物事故技术鉴定书》，系按照《江苏省农作物生产事故技术鉴定实施办法》组成专家组开展鉴定后作出的，符合证据规定，能证明受害水稻受损是使用涉案吡蚜酮导致。

第三，为科学确定水稻受损原因，田间试验结果系由泰州市新农农资有限公司申请，在泰州市姜堰公证处的全程监督下，进行拍照、摄像固定取得的。"七种配方，八块试验田"的试验方法，是根据农户将吡蚜酮与阿维氟铃脲、戊唑醇、咪鲜三环唑混合施用的实际情况，并考虑涉案吡蚜酮仅存在于两个批次，确定第一到第四块试验田分别施用两个批次、不同剂量（20 克和 40 克）的吡蚜酮；第五和第六块试验田分别将两个批次吡蚜酮与其他农药混合施用；第七块试验田混合施用不含吡蚜酮的其他农药；第八块试验田未施用农药。结果显示凡施用涉案农药的试验田，水稻均出现典型的除草剂药害情况，排除了天气等因素影响，证明水稻受害系因农户使用的涉案农药吡蚜酮中含有烟嘧磺隆造成。

　　法庭经审理，认为公诉人提交的证据能够相互印证，予以确认。因被告人许全民自动投案，如实供述罪行，且判决前主动足额赔付了农户损失，达成了谅解，构成自首，依法减轻处罚，2017年9月19日，江苏省泰州市姜堰区人民法院作出一审判决，以生产、销售伪劣农药罪判处被告单位百分百公司罚金五十万元，中土公司罚金四十万元，喜洋洋公司罚金三十五万元；以生产、销售伪劣农药罪判处被告人许全民有期徒刑三年，缓刑五年，并处罚金八万元；因被告人朱桦及王友定系从犯，如实供述，积极赔偿损失，依法减轻处罚，以生产、销售伪劣农药罪判处被告人朱桦有期徒刑三年，缓刑四年，并处罚金五万元；以生产、销售伪劣农药罪判处被告人王友定有期徒刑三年，缓刑三年，并处罚金人民币二万元。一审宣判后，被告单位及被告人均未上诉，判决已生效。

　　**【指导意义】**

　　（一）借用或通过非法转让获得他人"农药三证"生产农药，并经检验鉴定含有药害成分，使生产遭受较大损失的，应予追诉。根据我国《农药管理条例》规定，农药生产销售应具备"农药三证"。一些企业通过非法转让或者购买等手段非法获取"农药三证"生产不合格农药，扰乱农药市场，往往造成农业生产重大损失，危害农民利益。借用或者通过非法转让获得"农药三证"生产不符合资质农药，经检验鉴定含有药害成分，致使农业生产遭受损失二万元以上的，应当依据刑法予以追诉。农药生产企业将"农药三证"出借给未取得生产资质的企业或者个人，且明知借用方生产、销售伪劣农药的，构成生产、销售伪劣农药罪共同犯罪。其中使农业生产遭受损失五十万元以上，销售金额不满二百万元的，依据刑法第一百四十七条生产、销售伪劣农药罪追诉；销售金额二百万元以上的，依据刑法第一百四十九条从重处罚原则，以生产、销售伪劣产品罪予以追诉。

（二）生产损失认定方法。生产、销售伪劣农药罪为结果犯，需以"使生产遭受较大损失"为前提。办理此类案件，可以采用以下方法认定生产损失：一是运用田间试验确定涉案农药与生产损失的因果关系。可在公证部门见证下，依据农业生产专家指导，根据农户对受损作物实际使用的农药种类，合理确定试验方法和试验所需样本田块数量，综合认定农药使用与生产损失的因果关系。二是及时引导侦查机关收集、固定受损作物折损情况证据。检察机关应结合农业生产具有时令性的特点，引导侦查机关走访受损农户了解情况，实地考察受损农田，及时收集证据，防止作物收割、复播影响生产损失的认定。三是综合评估损害数额。农业生产和粮食作物价格具有一定的波动性，办案中对损害具体数额的评估，应以绝收折损面积为基准，综合考察受损地区前三年农作物平均亩产量和平均销售价格，计算损害后果。

**【相关规定】**

《中华人民共和国刑法》第一百四十七条、第一百四十九条、第一百五十条

《最高人民法院、最高人民检察院关于办理生产、销售伪劣商品刑事案件具体应用法律若干问题的解释》第七条、第九条

《最高人民检察院、公安部关于公安机关管辖的刑事案件立案追诉标准的规定（一）》第二十三条

《农药管理条例》第四十五条、第四十七条、第五十二条

《农药登记管理办法》第二条

《农药生产许可管理办法》第五条、第二十八条

# 湖北省天门市人民检察院诉拖市镇政府
# 不依法履行职责行政公益诉讼案

## （检例第 63 号）

【关键词】行政公益诉讼　行政监管职责　违法建设　农村垃圾治理

【要　旨】

一级政府对本行政区域的环境质量保护负有法定职责。政府在履行农村环境综合整治职责中违法行使职权或者不作为，损害社会公共利益的，检察机关可以发出检察建议督促其依法履职。对于行政机关作出的整改回复，检察机关应当跟进调查；对于无正当理由未整改到位的，可以依法提起行政公益诉讼。

【基本案情】

2005 年 4 月，湖北省天门市拖市镇人民政府（以下简称拖市镇政府）违反《中华人民共和国土地管理法》，未办理农用地转为建设用地相关手续，也未按照《中华人民共和国环境保护法》开展环境影响评价，与天门市拖市镇拖市村村民委员会签订《关于垃圾场征用土地的协议》，租用该村 5.1 亩农用地建设垃圾填埋场，用于拖市镇区生活垃圾的填埋。该垃圾填埋场于同年 4 月投入运行，至 2016 年 10 月停止。该垃圾填埋场在运行过程中，违反污染防治设施必须与主体工程同时设计、同时施工、同时投产使用的"三同时"规定，未按照规范建设防渗工程等相关污染防治设施，对周边环境造成了严重污染。

**【诉前程序】**

2017年2月，天门市人民检察院发现拖市镇政府在没有申报审批获得合法手续的情况下，未建设必要配套环境保护设施，以"以租代征"的形式，违法建设、运行生活垃圾填埋场，在运行过程中存在对周边环境造成严重污染、损害公益的行为，决定立案审查。

调查核实过程中，检察机关查阅了拖市镇政府关于租用拖市村集体土地建设垃圾填埋场的会议纪要、文件、协议等档案材料；督促天门市环境保护局进行了现场勘查；采集了现场影像资料，询问了相关人员。基本查明：拖市镇政府未办理用地审批、环境评价等法定手续，建设并运行生活垃圾填埋场，未建设防渗工程、垃圾渗滤液疏导、收集和处理系统、雨水分流系统、地下水导排和监测设施等必要配套环境保护设施，垃圾填埋场在运行过程中对周边环境造成严重污染。根据《中华人民共和国地方各级人民代表大会和地方各级人民政府组织法》《中华人民共和国环境保护法》等相关法律规定，拖市镇政府作为一级人民政府，对本行政区域负有环境保护职责，应当对自身违法行使职权造成环境污染的行为予以纠正，并及时治理污染，修复生态环境。

2017年3月6日，天门市人民检察院向拖市镇政府发出检察建议，督促其依法履职，纠正违法行为并采取补救措施，修复区域生态环境，恢复农用地功能。检察建议书发出后，天门市人民检察院多次与拖市镇政府进行沟通，督促整改。3月22日，拖市镇政府针对检察建议书作出书面回复称：其已将该垃圾填埋场的垃圾清运至天门市垃圾处理场进行集中处理，并投入资金、落实专人对垃圾场周围进行了清理、消毒，运送土壤进行了回填处理，杜绝了垃圾污染，且在该处设立了禁止倾倒垃圾的警示牌。

4月12日，天门市人民检察院对拖市镇政府的整改情况进行跟进调查时发现，拖市镇政府虽然采取了一些整改措施，但整改后的垃圾填埋场表层覆土不到 1 米，覆土下仍有大量垃圾。天门市人民检察院委托湖北省环境科学研究院对垃圾填埋场垃圾渗滤液及周边地下水样进行检测。检测结果表明，拖市镇垃圾填埋场周边地下水样中铬、铅超标严重，渗滤液中含有重金属、氨氮、磷等污染物。经专家检测评价认为，该垃圾填埋场周边水质显示出典型的垃圾渗滤液污染特性，严重影响当地居民的健康和生态安全；现存垃圾随着时间推移还会产生大量渗滤液，若不采取措施将会对周边水体和汉江造成持续 15—20 年的长期生态污染风险；建议采取清理转移的方法，将垃圾清挖送到市区垃圾处理场，垃圾渗滤液抽取送城区污水处理厂处理，原址采用回填土壤绿化。

**【诉讼过程】**

（一）提起诉讼

通过诉前调查取证，天门市人民检察院固定了相关证据，认定拖市镇政府采取有限整改措施后，其违法行政行为造成的公益侵害仍在持续。经湖北省人民检察院批准，2017 年 6 月 29 日，天门市人民检察院向天门市人民法院提起行政公益诉讼，请求判令：1. 确认拖市镇政府建立、运行该垃圾填埋场，造成周边环境污染的行政行为违法。2. 判令拖市镇政府继续履行职责，对关停后的该垃圾填埋场环境进行综合整治，消除污染，修复生态。

（二）法庭审理

2017 年 12 月 22 日，天门市人民法院公开开庭审理了本案。

法庭审理过程中，拖市镇政府答辩认为：1. 只有县级以上政府及其环保部门才是具有环境保护职责的行政机关，其作为镇政府，不具有该项职责；2. 检察机关关于垃圾填埋场污染周边环境的证据不充分；3. 镇政府建设垃圾填埋场的行为并非行政行为，在行政诉讼中不具有可诉性。

针对镇政府答辩意见，天门市人民检察院向法院提交了《天门市委办公室、市政府办公室关于印发乡镇综合配套改革三个配套文件的通知》《市环保局关于拖市镇垃圾填埋场环境问题的复函》、湖北省环境科学研究院《检测报告》、相关专家出具的《关于天门市拖市镇区垃圾填埋场污染潜在生态风险的评估意见》、垃圾填埋场现场照片等证据。天门市人民检察院认为，《中华人民共和国环境保护法》第六条第二款规定，地方各级人民政府应当对本行政区域的环境质量负责；第三十三条第二款规定，县级、乡级人民政府应当提高农村环境保护公共服务水平，推动农村环境综合整治；第三十七条规定，地方各级人民政府应当采取措施，组织对生活废弃物的分类处置、回收利用。本案中，镇政府与村委会签订征地协议，建设、运行垃圾填埋场，目的是处置镇区生活垃圾，履行农村环境综合整治职责，是行使职权的行政行为。但其履职不到位，未办理用地审批、环境评价，未建设防渗工程、渗滤液处理、地下水导排监测等必要配套设施，导致周边环境严重污染，造成社会公共利益受到损害，应当依法履职，采取积极措施治理污染，修复生态；拖市镇政府在收到检察建议后，虽然对该垃圾填埋场做了覆土处理，但未完全进行治理，检察机关经跟进调查和委托检测，确认社会公共利益仍处于受侵害状态。综上，拖市镇政府答辩理由不成立。

（三）审理结果

2018 年 3 月 19 日，天门市人民法院作出判决，支持了检察机关全部诉讼请求，认定拖市镇政府作为一级政府，具有环境保护的法定职责；拖市镇政府建设垃圾填埋场是履行职权行政行为；根据现有证据，该垃圾填埋场存在潜在污染风险；拖市镇政府治理垃圾填埋场是其违法后应当承担的法律义务，其应当继续履行整治义务。判决如下：1. 确认被告拖市镇政府建设、运行垃圾填埋场的行政行为违法。2. 责令被告拖市镇政府对垃圾填埋场采取补救措施，继续进行综合整治。

（四）案件办理效果

该案判决后，拖市镇政府积极履职，组织清运原垃圾填埋场覆土下的各类垃圾1000余立方并进行了无害处理。经湖北省相关部门审批同意，2018年4月至12月，在垃圾填埋场原址上新建污水处理厂一座，设计产能日处理污水500吨。目前该污水处理厂已投入使用。

该案办理后，天门市人民检察院摸排发现全市乡镇垃圾填埋场普遍存在环境污染风险问题。经过全面调查分析，天门市人民检察院向天门市委、市政府报送《关于建议进一步加强对全市乡镇垃圾填埋场进行整治的报告》，提出了将乡镇垃圾填埋场整治工作纳入天门市污染防治工作总体规划、进行清挖转运以及覆土植绿等建议。天门市委、市政府高度重视，相关职能部门迅速组织力量，对全市乡镇27个非正规垃圾填埋场、堆放点进行了专项重点督查，整治恢复土地近8.5万平方米。

【指导意义】

改善农村人居环境是以习近平同志为核心的党中央作出的重大决策，是实施乡村振兴战略的重要内容。加强农村生活垃圾治理，是改善农村人居环境的重要环节，也是推进乡村生态振兴的关键之举，对于促进乡村治理具有重大意义。

（一）基层人民政府应当对本行政区域的环境质量负责，其在农村环境综合整治中违法行使职权或者不作为，导致环境污染损害社会公共利益的，检察机关可以督促其依法履职。《中华人民共和国地方各级人民代表大会和地方各级人民政府组织法》《中华人民共和国环境保护法》《村庄和集镇规划建设管理条例》等法律法规规定了基层人民政府对农村环境保护、农村环境综合整治等具有管理职责。其在履行上述法定职责时，存在违法行使职权或者不作为，造成社会公共利益损害的，符合《中华人民共和国行政诉讼法》第二十五条第四款规定的情形，检察机关可以向其发出检察建议，督促依法履行职责。对于行政机关作出的整改回复，检察机关应当跟进调查，对于无正当理由未整改到位的，依法提起行政公益诉讼。

（二）涉及多个行政机关监管职责的公益损害行为，检察机关应当综合考虑各行政机关具体监管职责、履职尽责情况、违法行使职权或者不作为与公益受损的关联程度、实施公益修复的有效性等因素确定重点监督对象。农村违法建设垃圾填埋场可能涉及的行政监管部门包括规划、环保、国土、城建、基层人民政府等多个行政机关，而基层人民政府一般在农村环境治理、生活垃圾处置方面起主导作用。如果环境污染行为与基层人民政府违法行使职权直接相关，检察机关可以重点监督基层人民政府，督促其依法全面履职，根据需要也可以同时督促环保部门发挥监管职责，以形成合力，促使环境污染行为得到有效纠正。检察机关通过办案发现本地普遍存在类似环境污染行为的，可以经过深入调查，向当地党委、政府提出建议，以引起重视，促使问题"一揽子"解决。

【相关规定】

《中华人民共和国行政诉讼法》第二十五条

《中华人民共和国地方各级人民代表大会和地方各级人民政府组织法》第六十一条

《中华人民共和国环境保护法》第六条、第十九条、第三十三条、第三十七条、第四十一条

《中华人民共和国土地管理法》第四十四条

《最高人民法院、最高人民检察院关于检察公益诉讼案件适用法律若干问题的解释》第二十一条

《村庄和集镇规划建设管理条例》第三十九条

# 最高人民检察院
# 关于印发最高人民检察院
# 第十七批指导性案例的通知

（2020 年 2 月 5 日公布    高检发办字〔2020〕10 号）

各级人民检察院：

经 2019 年 7 月 10 日最高人民检察院第十三届检察委员会第二十一次会议决定，现将杨卫国等人非法吸收公众存款案等三件指导性案例（检例第 64—66 号）作为第十七批指导性案例发布，供参照适用。

最高人民检察院

2020 年 2 月 5 日

# 杨卫国等人非法吸收公众存款案

## （检例第 64 号）

**【关键词】** 非法吸收公众存款 　网络借贷 　资金池

**【要　旨】**

单位或个人假借开展网络借贷信息中介业务之名，未经依法批准，归集不特定公众的资金设立资金池，控制、支配资金池中的资金，并承诺还本付息的，构成非法吸收公众存款罪。

**【基本案情】**

被告人杨卫国，男，浙江望洲集团有限公司法定代表人、实际控制人。

被告人张雯婷，女，浙江望洲集团有限公司出纳，主要负责协助杨卫国调度、使用非法吸收的资金。

被告人刘蓓蕾，女，上海望洲财富投资管理有限公司总经理，负责该公司业务。

被告人吴梦，女，浙江望洲集团有限公司经理、望洲集团清算中心负责人，主要负责资金池运作有关业务。

浙江望洲集团有限公司（以下简称望洲集团）于 2013 年 2 月 28 日成立，被告人杨卫国为法定代表人、董事长。自 2013 年 9 月起，望洲集团开始在线下进行非法吸收公众存款活动。2014 年，杨卫国利用其实际控制的公司又先后成立上海望洲财富投资管理有限公司（以下简称望洲财富）、望洲普惠投资管理有限公司（以下简称望洲普惠），通过线下和线上两个渠道开展非法吸收公众存款活动。其中，望洲普惠主要负责发展信贷客户（借款人），望洲财富负责发展不特定社会公众成为理财客户（出借人），根据理财产品的不同期限约定7%—15%不等的年化利率募集资金。在线下渠道，望洲集团在全国多个省、市开设门店，采用发放宣传单、举办年会、发布广告等方式进行宣传，理财客户或者通过与杨卫国签订债权转让协议，或者通过匹配望洲集团虚构的信贷客户借款需求进行投资，将投资款转账至杨卫国个人名下42个银行账户，被望洲集团用于还本付息、生产经营等活动。在线上渠道，望洲集团及其关联公司以网络借贷信息中介活动的名义进行宣传，理财客户根据望洲集团的要求在第三方支付平台上开设虚拟账户并绑定银行账户。理财客户选定投资项目后将投资款从银行账户转入第三方支付平台的虚拟账户进行投资活动，望洲集团、杨卫国及望洲集团实际控制的担保公司为理财客户的债权提供担保。望洲集团对理财客户虚拟账户内的资金进行调配，划拨出借资金和还本付息资金到相应理财客户和信贷客户账户，并将剩余资金直接转至杨卫国在第三方支付平台上开设的托管账户，再转账至杨卫国开设的个人银行账户，与线下资金混同，由望洲集团支配使用。

因资金链断裂，望洲集团无法按期兑付本息。截止到2016年4月20日，望洲集团通过线上、线下两个渠道非法吸收公众存款共计64亿余元，未兑付资金共计26亿余元，涉及集资参与人13400余人。其中，通过线上渠道吸收公众存款11亿余元。

**【指控与证明犯罪】**

2017年2月15日，浙江省杭州市江干区人民检察院以非法吸收公众存款罪对杨卫国等4名被告人依法提起公诉，杭州市江干区人民法院公开开庭审理本案。

法庭调查阶段，公诉人宣读起诉书指控杨卫国等被告人的行为构成非法吸收公众存款罪，并对杨卫国等被告人进行讯问。杨卫国对望洲集团通过线下渠道非法吸收公众存款的犯罪事实和性质没有异议，但辩称望洲集团的线上平台经营的是正常 P2P 业务，线上的信贷客户均真实存在，不存在资金池，不是吸收公众存款，不需要取得金融许可牌照，在营业执照许可的经营范围内即可开展经营。针对杨卫国的辩解，公诉人围绕理财资金的流转对被告人进行了重点讯问。

公诉人：（杨卫国）如果线上理财客户进来的资金大于借款方的资金，如何操作？

杨卫国：一般有两种操作方式。一种是停留在客户的操作平台上，另一种是转移到我开设的托管账户。如果转移到托管账户，客户就没有办法自主提取了。如果客户需要提取，我们根据客户指令再将资金返回到客户账户。

公诉人：（吴梦）理财客户充值到第三方支付平台的虚拟账户后，望洲集团操作员是否可以对第三方支付平台上的资金进行划拨。

吴梦：可以。

公诉人：（吴梦）请叙述一下划拨资金的方式。

吴梦：直接划拨到借款人的账户，如果当天资金充足，有时候会划拨到杨卫国在第三方支付平台上设立的托管账户，再提现到杨卫国绑定的银行账户，用来兑付线下的本息。

公诉人补充讯问：（吴梦）如果投资进来的资金大于借款方，如何操作？

吴梦：会对一部分进行冻结，也会提现一部分。资金优先用于归还客户的本息，然后配给借款方，然后再提取。

被告人的当庭供述证明，望洲集团通过直接控制理财客户在第三方平台上的虚拟账户和设立托管账户，实现对理财客户资金的归集和控制、支配、使用，形成了资金池。

举证阶段，公诉人出示证据，全面证明望洲集团线上、线下业务活动本质为非法吸收公众存款，并就线上业务相关证据重点举证。

第一，通过出示书证、审计报告、电子数据、证人证言、被告人供述和辩解等证据，证实望洲集团的线上业务归集客户资金设立资金池并进行控制、支配、使用，不是网络借贷信息中介业务。（1）第三方支付平台赋予望洲集团对所有理财客户虚拟账户内的资金进行冻结、划拨、查询的权限。线上理财客户在合同中也明确授权望洲集团对其虚拟账户内的资金进行冻结、划拨、查询，且虚拟账户销户需要望洲集团许可。（2）理财客户将资金转入第三方平台的虚拟账户后，望洲集团每日根据理财客户出借资金和信贷客户的借款需求，以多对多的方式进行人工匹配。当理财客户资金总额大于信贷客户借款需求时，剩余资金划入杨卫国在第三方支付平台开设的托管账户。望洲集团预留第二天需要支付的到期本息后，将剩余资金提现至杨卫国的银行账户，用于线下非法吸收公众存款活动或其他经营活动。（3）信贷客户的借款期限与理财客户的出借期限不匹配，存在期限错配等问题。（4）杨卫国及其控制的公司承诺为信贷客户提供担保，当信贷客户不能按时还本付息时，杨卫国保证在债权期限届满之日起 3 个工作日内代为偿还本金和利息。实际操作中，归还出借人的资金都来自于线上的托管账户或者杨卫国用于线下经营的银行账户。（5）望洲集团通过多种途径向不特定公众进行宣传，发展理财客户，并通过明示年化收益率、提供担保等方式承诺向理财客户还本付息。

第二，通过出示理财、信贷余额列表，扣押清单，银行卡照片，银行卡交易明细，审计报告，证人证言，被告人供述和辩解等证据，证实望洲集团资金池内的资金去向：（1）望洲集团吸收的资金除用于还本付息外，主要用于扩大望洲集团下属公司的经营业务。(2)望洲集团线上资金与线下资金混同使用,互相弥补资金不足,望洲集团从第三方支付平台提现到杨卫国银行账户资金为2.7亿余元,杨卫国个人银行账户转入第三方支付平台资金为2亿余元。(3)望洲集团将吸收的资金用于公司自身的投资项目,并有少部分用于个人支出,案发时线下、线上的理财客户均遭遇资金兑付困难。

法庭辩论阶段,公诉人发表公诉意见,论证杨卫国等被告人构成非法吸收公众存款罪,起诉书指控的犯罪事实清楚,证据确实、充分。其中,望洲集团在线上经营所谓网络借贷信息中介业务时,承诺为理财客户提供保底和增信服务,获取对理财客户虚拟账户内资金进行冻结、划拨、查询等权限,归集客户资金设立资金池,实际控制、支配、使用客户资金,用于还本付息和其他生产经营活动,超出了网络借贷信息中介的业务范围,属于变相非法吸收公众存款。杨卫国等被告人明知其吸收公众存款的行为未经依法批准而实施,具有犯罪的主观故意。

杨卫国认为望洲集团的线上业务不构成犯罪,不应计入犯罪数额。杨卫国的辩护人认为,国家允许P2P行业先行先试,望洲集团设立资金池、开展自融行为的时间在国家对P2P业务进行规范之前,没有违反刑事法律,属民事法律调整范畴,不应受到刑事处罚,犯罪数额应扣除通过线上模式流入的资金。

公诉人针对杨卫国及其辩护人的辩护意见进行答辩:望洲集团在线上开展网络借贷中介业务已从信息中介异化为信用中介,望洲集团对理财客户投资款的归集、控制、支配、使用以及还本付息的行为,本质与商业银行吸收存款业务相同,并非国家允许创新的网络借贷信息中介行为,不论国家是否出台有关网络借贷信息中介的规定,未经批准实施此类行为,都应当依法追究刑事责任。因此,线上吸收的资金应当计入犯罪数额。

　　法庭经审理认为，望洲集团以提供网络借贷信息中介服务为名，实际从事直接或间接归集资金、甚至自融或变相自融行为，本质是吸收公众存款。判断金融业务的非法性，应当以现行刑事法律和金融管理法律规定为依据，不存在被告人开展P2P业务时没有禁止性法律规定的问题。望洲集团的行为已经扰乱金融秩序，破坏国家金融管理制度，应受刑事处罚。

　　2018年2月8日，杭州市江干区人民法院作出一审判决，以非法吸收公众存款罪，分别判处被告人杨卫国有期徒刑九年六个月，并处罚金人民币五十万元；判处被告人刘蓓蕾有期徒刑四年六个月，并处罚金人民币十万元；判处被告人吴梦有期徒刑三年，缓刑五年，并处罚金人民币十万元；判处被告人张雯婷有期徒刑三年，缓刑五年，并处罚金人民币十万元。在案扣押冻结款项分别按损失比例发还；在案查封、扣押的房产、车辆、股权等变价后分别按损失比例发还。不足部分责令继续退赔。宣判后，被告人杨卫国提出上诉后又撤回上诉，一审判决已生效。本案追赃挽损工作仍在进行中。

　　**【指导意义】**

　　1. 向不特定社会公众吸收存款是商业银行专属金融业务，任何单位和个人未经批准不得实施。根据《中华人民共和国商业银行法》第十一条规定，未经国务院银行业监督管理机构批准，任何单位和个人不得从事吸收公众存款等商业银行业务，这是判断吸收公众存款行为合法与非法的基本法律依据。任何单位或个人，包括非银行金融机构，未经国务院银行业监督管理机构批准，面向社会吸收公众存款或者变相吸收公众存款均属非法。国务院《非法金融机构和非法金融业务活动取缔办法》进一步明确规定，未经依法批准，非法吸收公众存款、变相吸收公众存款、以任何名义向社会不特定对象进行的非法集资都属于非法金融活动，必须予以取缔。为了解决传统金融机构覆盖不了、满足不好的社会资金需求，缓解个体经营者、小微企业经营当中的小额资金困难，国务院金融监管机构于2016年发布了《网络借贷信息中介机构业务活动管理暂行办法》等"一个办法、三个指引"，允许单位或个人在规定的借款余额范围内通过网络借贷信息中介机构进行小额借贷，并且对单一组织、单一个人在单一平台、多个平台的借款余额上限作了明确限定。检察机关在办案中要准确把握法律法规、金融管理规定确定的界限、标准和原则精神，准确区分融资借款活动的性质，对于违反规定达到追诉标准的，依法追究刑事责任。

2. 金融创新必须遵守金融管理法律规定，不得触犯刑法规定。金融是现代经济的核心和血脉，金融活动引发的风险具有较强的传导性、扩张性、潜在性和不确定性。为了发挥金融服务经济社会发展的作用，有效防控金融风险，国家制定了完善的法律法规，对商业银行、保险、证券等金融业务进行严格的规制和监管。金融也需要发展和创新，但金融创新必须有效地防控可能产生的风险，必须遵守金融管理法律法规，尤其是依法须经许可才能从事的金融业务，不允许未经许可而以创新的名义擅自开展。检察机关办理涉金融案件，要深入分析、清楚认识各类新金融现象，准确把握金融的本质，透过复杂多样的表现形式，准确区分是真的金融创新还是披着创新外衣的伪创新，是合法金融活动还是以金融创新为名实施金融违法犯罪活动，为防范化解金融风险提供及时、有力的司法保障。

3. 网络借贷中介机构非法控制、支配资金，构成非法吸收公众存款。网络借贷信息中介机构依法只能从事信息中介业务，为借款人与出借人实现直接借贷提供信息搜集、信息公布、资信评估、信息交互、借贷撮合等服务。信息中介机构不得提供增信服务，不得直接或间接归集资金，包括设立资金池控制、支配资金或者为自己控制的公司融资。网络借贷信息中介机构利用互联网发布信息归集资金，不仅超出了信息中介业务范围，同时也触犯了刑法第一百七十六条的规定。检察机关在办案中要通过对网络借贷平台的股权结构、实际控制关系、资金来源、资金流向、中间环节和最终投向的分析，综合全流程信息，分析判断是规范的信息中介，还是假借信息中介名义从事信用中介活动，是否存在违法设立资金池、自融、变相自融等违法归集、控制、支配、使用资金的行为，准确认定行为性质。

**【相关规定】**

《中华人民共和国刑法》第一百七十六条

《中华人民共和国商业银行法》第十一条

《最高人民法院关于审理非法集资刑事案件具体应用法律若干问题的解释》（法释〔2010〕18号）第一条

# 王鹏等人利用未公开信息交易案

## （检例第65号）

**【关键词】** 利用未公开信息交易　　间接证据　　证明方法

**【要　旨】**

具有获取未公开信息职务便利条件的金融机构从业人员及其近亲属从事相关证券交易行为明显异常，且与未公开信息相关交易高度趋同，即使其拒不供述未公开信息传递过程等犯罪事实，但其他证据之间相互印证，能够形成证明利用未公开信息犯罪的完整证明体系，足以排除其他可能的，可以依法认定犯罪事实。

## 【基本案情】

被告人王鹏，男，某基金管理有限公司原债券交易员。

被告人王慧强，男，无业，系王鹏父亲。

被告人宋玲祥，女，无业，系王鹏母亲。

2008 年 11 月至 2014 年 5 月，被告人王鹏担任某基金公司交易管理部债券交易员。在工作期间，王鹏作为债券交易员的个人账号为 6610。因工作需要，某基金公司为王鹏等债券交易员开通了恒生系统 6609 账号的站点权限。自 2008 年 7 月 7 日起，该 6609 账号开通了股票交易指令查询权限，王鹏有权查询证券买卖方向、投资类别、证券代码、交易价格、成交金额、下达人等股票交易相关未公开信息；自 2009 年 7 月 6 日起又陆续增加了包含委托流水、证券成交回报、证券资金流水、组合证券持仓、基金资产情况等未公开信息查询权限。2011 年 8 月 9 日，因新系统启用，某基金公司交易管理部申请关闭了所有债券交易员登录 6609 账号的权限。

2009 年 3 月 2 日至 2011 年 8 月 8 日期间，被告人王鹏多次登录 6609 账号获取某基金公司股票交易指令等未公开信息，王慧强、宋玲祥操作牛某、宋某祥、宋某珍的证券账户，同期或稍晚于某基金公司进行证券交易，与某基金公司交易指令高度趋同，证券交易金额共计 8.78 亿余元，非法获利共计 1773 万余元。其中，王慧强交易金额 9661 万余元，非法获利 201 万余元；宋玲祥交易金额 7.8 亿余元，非法获利 1572 万余元。

## 【指控与证明犯罪】

2015 年 6 月 5 日，重庆市公安局以被告人王鹏、王慧强、宋玲祥涉嫌利用未公开信息交易罪移送重庆市人民检察院第一分院审查起诉。

审查起诉阶段，重庆市人民检察院第一分院审查了全案卷宗，讯问了被告人。被告人王鹏辩称，没有获取未公开信息的条件，也没有向其父母传递过未公开信息。被告人王慧强、宋玲祥辩称，王鹏没有向其传递过未公开信息，买卖股票均根据自己的判断进行。

针对三人均不供认犯罪事实的情况，为进一步查清王鹏与王慧强、宋玲祥是否存在利用未公开信息交易行为，重庆市人民检察院第一分院将本案两次退回重庆市公安局补充侦查，并提出补充侦查意见：（1）继续讯问三被告人，以查明三人之间传递未公开信息的情况；（2）询问某基金公司有关工作人员，调取工作制度规定，核查工作区通讯设备保管情况，调取某基金债券交易工作区现场图，以查明王鹏是否具有传递信息的条件；（3）调查王慧强、宋玲祥的亲友关系，买卖股票的资金来源及获利去向，以查明王鹏是否为未公开信息的唯一来源，三人是否共同参与利用未公开信息交易；（4）询问某基金公司其他债券交易员，收集相关债券交易员登录工作账号与6609账号的查询记录，以查明王鹏登录6609账号是否具有异常性；（5）调取王慧强、宋玲祥在王鹏不具有获取未公开信息的职务便利期间买卖股票情况、与某基金股票交易指令趋同情况，以查明王慧强、宋玲祥在被指控犯罪时段的交易行为与其他时段的交易行为是否明显异常。经补充侦查，三被告人仍不供认犯罪事实，重庆市公安局补充收集了前述第2项至第5项证据，进一步补强证明王鹏具有获取和传递信息的条件，王慧强、宋玲祥交易习惯的显著异常性等事实。

2015年12月18日，重庆市人民检察院第一分院以利用未公开信息交易罪对王鹏、王慧强、宋玲祥提起公诉。重庆市第一中级人民法院公开开庭审理本案。

法庭调查阶段，公诉人宣读起诉书指控三名被告人构成利用未公开信息交易罪，并对三名被告人进行了讯问。三被告人均不供认犯罪事实。公诉人全面出示证据，并针对被告人不供认犯罪事实的情况进行重点举证。

第一，出示王鹏与某基金公司的《劳动合同》《保密管理办法》、6609账号使用权限、操作方法和操作日志、某基金公司交易室照片等证据，证实：王鹏在2009年1月15日至2011年8月9日期间能够通过6609账号登录恒生系统查询到某基金公司对股票和债券的整体持仓和交易情况、指令下达情况、实时头寸变化情况等，王鹏具有获取某基金公司未公开信息的条件。

第二，出示王鹏登录6610个人账号的日志、6609账号权限设置和登录日志、某基金公司工作人员证言等证据，证实：交易员的账号只能在本人电脑上登录，具有唯一性，可以锁定王鹏的电脑只有王鹏一人使用；王鹏通过登录6609账号查看了未公开信息，且登录次数明显多于6610个人账号，与其他债券交易员登录6609账号情况相比存在异常。

第三，出示某基金公司股票指令下达执行情况，牛某、宋某祥、宋某珍三个证券账户不同阶段的账户资金对账单、资金流水、委托流水及成交流水以及牛某、宋某祥、宋某珍的证言等证据，证实：（1）三个证券账户均替王慧强、宋玲祥开设并由他们使用。（2）三个账户证券交易与某基金公司交易指令高度趋同。在王鹏拥有登录6609账号权限之后，王慧强操作牛某证券账户进行股票交易，牛某证券账户在2009年3月6日至2011年8月2日间，买入与某基金旗下股票基金产品趋同股票233只、占比93.95%，累计趋同买入成交金额9661.26万元、占比95.25%。宋玲祥操作宋某祥、宋某珍证券账户进行股票交易，宋某祥证券账户在2009年3月2日至2011年8月8日期间，买入趋同股票343只、占比83.05%，累计趋同买入成交金额1.04亿余元、占比90.87%。宋某珍证券账户在2010年5月13日至2011年8月8日期间，买入趋同股票183只、占比96.32%，累计趋同买入成交金额6.76亿元、占比97.03%。（3）交易异常频繁，明显背离三个账户在王鹏具有获取未公开信息条件前的交易习惯。从买入股数看，2009年之前每笔买入股数一般为数百股，2009年之后买入股数多为数千甚至上万股；从买卖间隔看，2009年之前买卖间隔时间多为几天甚至更久，但2009年之后买卖交易频繁，买卖间隔时间明显缩短，多为一至两天后卖出。（4）牛某、宋某祥、宋某珍三个账户停止股票交易时间与王鹏无权查看6609账号时间即2011年8月9日高度一致。

第四，出示王鹏、王慧强、宋玲祥和牛某、宋某祥、宋某珍的银行账户资料、交易明细、取款转账凭证等证据，证实：三个账户证券交易资金来源于王慧强、宋玲祥和王鹏，王鹏与宋玲祥、王慧强及其控制的账户之间存在大额资金往来记录。

法庭辩论阶段，公诉人发表公诉意见指出，虽然三名被告人均拒不供认犯罪事实，但在案其他证据能够相互印证，形成完整的证据链条，足以证明：王鹏具有获取某基金公司未公开信息的条件，王慧强、宋玲祥操作的证券账户在王鹏具有获取未公开信息条件期间的交易行为与某基金公司的股票交易指令高度趋同，且二人的交易行为与其在其他时间段的交易习惯存在重大差异，明显异常。对上述异常交易行为，二人均不能作出合理解释。王鹏作为基金公司的从业人员，在利用职务便利获取未公开信息后，由王慧强、宋玲祥操作他人账户从事与该信息相关的证券交易活动，情节特别严重，均应当以利用未公开信息交易罪追究刑事责任。

王鹏辩称，没有利用职务便利获取未公开信息，亦未提供信息让王慧强、宋玲祥交易股票，对王慧强、宋玲祥交易股票的事情并不知情；其辩护人认为，现有证据只能证明王鹏有条件获取未公开信息，而不能证明王鹏实际获取了该信息，同时也不能证明王鹏本人利用未公开信息从事交易活动，或王鹏让王慧强、宋玲祥从事相关交易活动。王慧强辩称，王鹏从未向其传递过未公开信息，王鹏到某基金公司后就不知道其还在进行证券交易；其辩护人认为，现有证据不能证实王鹏向王慧强传递了未公开信息，及王慧强利用了王鹏传递的未公开信息进行证券交易。宋玲祥辩称，没有利用王鹏的职务之便获取未公开信息，也未利用未公开信息进行证券交易；其辩护人认为，宋玲祥不是本罪的适格主体，本案指控证据不足。

针对被告人及其辩护人辩护意见，公诉人结合在案证据进行答辩，进一步论证本案证据确实、充分，足以排除其他可能。首先，王慧强、宋玲祥与王鹏为亲子关系，关系十分密切，从王慧强、宋玲祥的年龄、从业经历、交易习惯来看，王慧强、宋玲祥不具备专业股票投资人的背景和经验，且始终无法对交易异常行为作出合理解释。其次，王鹏在证监会到某基金公司对其调查时，畏罪出逃，且离开后再没有回到某基金公司工作，亦未办理请假或离职手续。其辩称系因担心证监会工作人员到他家中调查才离开，逃跑行为及理由明显不符合常理。第三，刑法规定利用未公开信息罪的主体为特殊主体，虽然王慧强、宋玲祥本人不具有特殊主体身份，但其与具有特殊主体身份的王鹏系共同犯罪，主体适格。

法庭经审理认为，本案现有证据已形成完整锁链，能够排除合理怀疑，足以认定王鹏、王慧强、宋玲祥构成利用未公开信息交易罪，被告人及其辩护人提出的本案证据不足的意见不予采纳。

2018 年 3 月 28 日，重庆市第一中级人民法院作出一审判决，以利用未公开信息交易罪，分别判处被告人王鹏有期徒刑六年六个月，并处罚金人民币 900 万元；判处被告人宋玲祥有期徒刑四年，并处罚金人民币 690 万元；判处被告人王慧强有期徒刑三年六个月，并处罚金人民币 210 万元。对三被告人违法所得依法予以追缴，上缴国库。宣判后，三名被告人均未提出上诉，判决已生效。

**【指导意义】**

经济金融犯罪大多属于精心准备、组织实施的故意犯罪，犯罪嫌疑人、被告人熟悉法律规定和相关行业规则，犯罪隐蔽性强、专业程度高，证据容易被隐匿、毁灭，证明犯罪难度大。特别是在犯罪嫌疑人、被告人不供认犯罪事实、缺乏直接证据的情形下，要加强对间接证据的审查判断，拓宽证明思路和证明方法，通过对间接证据的组织运用，构建证明体系，准确认定案件事实。

1. 明确指控的思路和方法，全面客观补充完善证据。检察机关办案人员应当准确把握犯罪的主要特征和证明的基本要求，明确指控思路和方法，构建清晰明确的证明体系。对于证明体系中证明环节有缺陷的以及关键节点需要补强证据的，要充分发挥检察机关主导作用，通过引导侦查取证、退回补充侦查，准确引导侦查取证方向，明确侦查取证的目的和要求，及时补充完善证据。必要时要与侦查人员直接沟通，说明案件的证明思路、证明方法以及需要补充完善的证据在证明体系中的证明价值、证明方向和证明作用。在涉嫌利用未公开信息交易的犯罪嫌疑人、被告人不供认犯罪事实，缺乏证明犯意联络、信息传递和利用的直接证据的情形下，应当根据指控思路，围绕犯罪嫌疑人、被告人获取信息的便利条件、时间吻合程度、交易异常程度、利益关联程度、行为人专业背景等关键要素，通过引导侦查取证、退回补充侦查或者自行侦查，全面收集相关证据。

2. 加强对间接证据的审查，根据证据反映的客观事实判断案件事实。在缺乏直接证据的情形下，通过对间接证据证明的客观事实的综合判断，运用经验法则和逻辑规则，依法认定案件事实，建立从间接证据证明客观事实，再从客观事实判断案件事实的完整证明体系。本案中，办案人员首先通过对三名被告人被指控犯罪时段和其他时段证券交易数据、未公开信息相关交易信息等证据，证明其交易与未公开信息的关联性、趋同度及与其平常交易习惯的差异性；通过身份关系、资金往来等证据，证明双方具备传递信息的动机和条件；通过专业背景、职业经历、接触人员等证据，证明交易行为不符合其个人能力经验；然后借助证券市场的基本规律和一般人的经验常识，对上述客观事实进行综合判断，认定了案件事实。

3. 合理排除证据矛盾，确保证明结论唯一。运用间接证据证明案件事实，构成证明体系的间接证据应当相互衔接、相互支撑、相互印证，证据链条完整、证明结论唯一。基于经验和逻辑作出的判断结论并不必然具有唯一性，还要通过审查证据，进一步分析是否存在与指控方向相反的信息，排除其他可能性。既要审查证明体系中单一证据所包含的信息之间以及不同证据之间是否存在矛盾，又要注重审查证明体系之外的其他证据中是否存在相反信息。在犯罪嫌疑人、被告人不供述、不认罪案件中，要高度重视犯罪嫌疑人、被告人的辩解和其他相反证据，综合判断上述证据中的相反信息是否会实质性阻断由各项客观事实到案件事实的判断过程、是否会削弱整个证据链条的证明效力。与证明体系存在实质矛盾并且不能排除其他可能性的，不能认定案件事实。但不能因为犯罪嫌疑人、被告人不供述或者提出辩解，就认为无法排除其他可能性。犯罪嫌疑人、被告人的辩解不具有合理性、正当性，可以认定证明结论唯一。

**【相关规定】**

《中华人民共和国刑法》第一百八十条第四款

《中华人民共和国刑事诉讼法》（2018修正）第五十五条

《最高人民法院最高人民检察院关于办理利用未公开信息交易刑事案件适用法律若干问题的解释》（法释〔2019〕10号）第四条

# 博元投资股份有限公司、余蒂妮等人
# 违规披露、不披露重要信息案

## （检例第 66 号）

**【关键词】** 违规披露、不披露重要信息　犯罪与刑罚

**【要　旨】**

刑法规定违规披露、不披露重要信息罪只处罚单位直接负责的主管人员和其他直接责任人员，不处罚单位。公安机关以本罪将单位移送起诉的，检察机关应当对单位直接负责的主管人员及其他直接责任人员提起公诉，对单位依法作出不起诉决定。对单位需要给予行政处罚的，检察机关应当提出检察意见，移送证券监督管理部门依法处理。

**【基本案情】**

被告人余蒂妮，女，广东省珠海市博元投资股份有限公司董事长、法定代表人，华信泰投资有限公司法定代表人。

被告人陈杰，男，广东省珠海市博元投资股份有限公司总裁。

被告人伍宝清，男，广东省珠海市博元投资股份有限公司财务总监、华信泰投资有限公司财务人员。

被告人张丽萍，女，广东省珠海市博元投资股份有限公司董事、财务总监。

被告人罗静元，女，广东省珠海市博元投资股份有限公司监事。

被不起诉单位广东省珠海市博元投资股份有限公司，住所广东省珠海市。

广东省珠海市博元投资股份有限公司（以下简称博元公司）原系上海证券交易所上市公司，股票名称：ST 博元，股票代码：600656。华信泰投资有限公司（以下简称华信泰公司）为博元公司控股股东。在博元公司并购重组过程中，有关人员作出了业绩承诺，在业绩不达标时需向博元公司支付股改业绩承诺款。2011 年 4 月，余蒂妮、陈杰、伍宝清、张丽萍、罗静元等人采取循环转账等方式虚构华信泰公司已代全体股改义务人支付股改业绩承诺款 3.84 亿余元的事实，在博元公司临时报告、半年报中进行披露。为掩盖以上虚假事实，余蒂妮、伍宝清、张丽萍、罗静元采取将 1000 万元资金循环转账等方式，虚构用股改业绩承诺款购买 37 张面额共计 3.47 亿元银行承兑汇票的事实，在博元公司 2011 年的年报中进行披露。2012 年至 2014 年，余蒂妮、张丽萍多次虚构银行承兑汇票贴现等交易事实，并根据虚假的交易事实进行记账，制作虚假的财务报表，虚增资产或者虚构利润均达到当期披露的资产总额或利润总额的 30% 以上，并在博元公司当年半年报、年报中披露。此外，博元公司还违规不披露博元公司实际控制人及其关联公司等信息。

**【指控与证明犯罪】**

2015 年 12 月 9 日，珠海市公安局以余蒂妮等人涉嫌违规披露、不披露重要信息罪，伪造金融票证罪向珠海市人民检察院移送起诉；2016 年 2 月 22 日，珠海市公安局又以博元公司涉嫌违规披露、不披露重要信息罪，伪造、变造金融票证罪移送起诉。随后，珠海市人民检察院指定珠海市香洲区人民检察院审查起诉。

检察机关审查认为，犯罪嫌疑单位博元公司依法负有信息披露义务，在 2011 年至 2014 年期间向股东和社会公众提供虚假的或者隐瞒主要事实的财务会计报告，对依法应当披露的其他重要信息不按照规定披露，严重损害股东以及其他人员的利益，情节严重。余蒂妮、陈杰作为博元公司直接负责的主管人员，伍宝清、张丽萍、罗静元作为其他直接责任人员，已构成违规披露、不披露重要信息罪，应当提起公诉。根据刑法第一百六十一条规定，不追究单位的刑事责任，对博元公司应当依法不予起诉。

2016 年 7 月 18 日，珠海市香洲区人民检察院对博元公司作出不起诉决定。检察机关同时认为，虽然依照刑法规定不能追究博元公司的刑事责任，但对博元公司需要给予行政处罚。2016 年 9 月 30 日，检察机关向中国证券监督管理委员会发出《检察意见书》，建议对博元公司依法给予行政处罚。

2016 年 9 月 22 日，珠海市香洲区人民检察院将余蒂妮等人违规披露、不披露重要信息案移送珠海市人民检察院审查起诉。2016 年 11 月 3 日，珠海市人民检察院对余蒂妮等 5 名被告人以违规披露、不披露重要信息罪依法提起公诉。珠海市中级人民法院公开开庭审理本案。法庭经审理认为，博元公司作为依法负有信息披露义务的公司，在 2011 年至 2014 年期间向股东和社会公众提供虚假的或者隐瞒主要事实的财务会计报告，或者对依法应当披露的其他重要信息不按照规定披露，严重损害股东或者其他人的利益，情节严重，被告人余蒂妮、陈杰作为公司直接负责的主管人员，被告人伍宝清、张丽萍、罗静元作为其他直接责任人员，其行为均构成违规披露、不披露重要信息罪。2017 年 2 月 22 日，珠海市中级人民法院以违规披露、不披露重要信息罪判处被告人余蒂妮等五人有期徒刑一年七个月至拘役三个月不等刑罚，并处罚金。宣判后，五名被告人均未提出上诉，判决已生效。

**【指导意义】**

1. 违规披露、不披露重要信息犯罪不追究单位的刑事责任。上市公司依法负有信息披露义务，违反相关义务的，刑法规定了相应的处罚。由于上市公司所涉利益群体的多元性，为避免中小股东利益遭受双重损害，刑法规定对违规披露、不披露重要信息罪只追究直接负责的主管人员和其他直接责任人员的刑事责任，不追究单位的刑事责任。刑法第一百六十二条妨害清算罪、第一百六十二条之二虚假破产罪、第一百八十五条之一违法运用资金罪等也属于此种情形。对于此类犯罪案件，检察机关应当注意审查公安机关移送起诉的内容，区分刑事责任边界，准确把握追诉的对象和范围。

2. 刑法没有规定追究单位刑事责任的，应当对单位作出不起诉决定。对公安机关将单位一并移送起诉的案件，如果刑法没有规定对单位判处刑罚，检察机关应当对构成犯罪的直接负责的主管人员和其他直接责任人员依法提起公诉，对单位应当不起诉。鉴于刑事诉讼法没有规定与之对应的不起诉情形，检察机关可以根据刑事诉讼法规定的最相近的不起诉情形，对单位作出不起诉决定。

3. 对不追究刑事责任的单位，人民检察院应当依法提出检察意见督促有关机关追究行政责任。不追究单位的刑事责任并不表示单位不需要承担任何法律责任。检察机关不追究单位刑事责任，容易引起当事人、社会公众产生单位对违规披露、不披露重要信息没有任何法律责任的误解。由于违规披露、不披露重要信息行为，还可能产生上市公司强制退市等后果，这种误解还会进一步引起当事人、社会公众对证券监督管理部门、证券交易所采取措施的质疑，影响证券市场秩序。检察机关在审查起诉时，应当充分考虑办案效果，根据证券法等法律规定认真审查是否需要对单位给予行政处罚；需要给予行政处罚的，应当及时向证券监督管理部门提出检察意见，并进行充分的释法说理，消除当事人、社会公众因检察机关不追究可能产生的单位无任何责任的误解，避免对证券市场秩序造成负面影响。

【相关规定】

《中华人民共和国刑法》第三十条、第三十一条、第一百六十一条

《中华人民共和国证券法》第一百九十三条

# 最高人民检察院
## 关于印发最高人民检察院
## 第十八批指导性案例的通知

（2020 年 3 月 28 日公布　高检发办字〔2020〕21 号）

各级人民检察院：

经 2020 年 1 月 3 日最高人民检察院第十三届检察委员会第三十一次会议通过，现将张凯闵等 52 人电信网络诈骗案等三件指导性案例（检例第 67—69 号）作为第十八批指导性案例发布，供参照适用。

最高人民检察院

2020 年 3 月 28 日

# 张凯闵等 52 人电信网络诈骗案

## （检例第 67 号）

【关键词】跨境电信网络诈骗　境外证据审查　电子数据
引导取证

【要　旨】

跨境电信网络诈骗犯罪往往涉及大量的境外证据和庞杂的电子
数据。对境外获取的证据应着重审查合法性，对电子数据应着重审
查客观性。主要成员固定，其他人员有一定流动性的电信网络诈骗
犯罪组织，可认定为犯罪集团。

【基本案情】

被告人张凯闵，男，1981 年 11 月 21 日出生，中国台湾地区居
民，无业。

林金德等其他被告人、被不起诉人基本情况略。

2015 年 6 月至 2016 年 4 月间，被告人张凯闵等 52 人先后在印
度尼西亚共和国和肯尼亚共和国参加对中国大陆居民进行电信网络
诈骗的犯罪集团。在实施电信网络诈骗过程中，各被告人分工合
作，其中部分被告人负责利用电信网络技术手段对大陆居民的手机
和座机电话进行语音群呼，群呼的主要内容为"有快递未签收，经
查询还有护照签证即将过期，将被限制出境管制，身份信息可能遭
泄露"等。当被害人按照语音内容操作后，电话会自动接通冒充快
递公司客服人员的一线话务员。一线话务员以帮助被害人报案为
由，在被害人不挂断电话时，将电话转接至冒充公安局办案人员的

二线话务员。二线话务员向被害人谎称"因泄露的个人信息被用于犯罪活动，需对被害人资金流向进行调查"，欺骗被害人转账、汇款至指定账户。如果被害人对二线话务员的说法仍有怀疑，二线话务员会将电话转给冒充检察官的三线话务员继续实施诈骗。

至案发，张凯闵等被告人通过上述诈骗手段骗取 75 名被害人钱款共计人民币 2300 余万元。

**【指控与证明犯罪】**

（一）介入侦查引导取证

由于本案被害人均是中国大陆居民，根据属地管辖优先原则，2016 年 4 月，肯尼亚将 76 名电信网络诈骗犯罪嫌疑人（其中大陆居民 32 人，台湾地区居民 44 人）遣返中国大陆。经初步审查，张凯闵等 41 人与其他被遣返的人分属互不关联的诈骗团伙，公安机关依法分案处理。2016 年 5 月，北京市人民检察院第二分院经指定管辖本案，并应公安机关邀请，介入侦查引导取证。

鉴于肯尼亚在遣返犯罪嫌疑人前已将起获的涉案笔记本电脑、语音网关（指能将语音通信集成到数据网络中实现通信功能的设备）、手机等物证移交我国公安机关，为确保证据的客观性、关联性和合法性，检察机关就案件证据需要达到的证明标准以及涉外电子数据的提取等问题与公安机关沟通，提出提取、恢复涉案的 Skype 聊天记录、Excel 和 Word 文档、网络电话拨打记录清单等电子数据，并对电子数据进行无污损鉴定的意见。在审查电子数据的过程中，检察人员与侦查人员在恢复的 Excel 文档中找到多份"返乡订票记录单"以及早期大量的 Skype 聊天记录。依据此线索，查实部分犯罪嫌疑人在去肯尼亚之前曾在印度尼西亚两度针对中国大陆居民进行诈骗，诈骗数额累计达 2000 余万元人民币。随后，11 名曾在印度尼西亚参与张凯闵团伙实施电信诈骗，未赴肯尼亚继续诈骗的犯罪嫌疑人陆续被缉捕到案。至此，张凯闵案 52 名犯罪嫌疑人全部到案。

（二）审查起诉

审查起诉期间，在案犯罪嫌疑人均表示认罪，但对其在犯罪集团中的作用和参与犯罪数额各自作出辩解。

经审查，北京市人民检察院第二分院认为现有证据足以证实张凯闵等人利用电信网络实施诈骗，但案件证据还存在以下问题：一是电子数据无污损鉴定意见的鉴定起始基准时间晚于犯罪嫌疑人归案的时间近 11 个小时，不能确定在此期间电子数据是否被增加、删除、修改。二是被害人与诈骗犯罪组织间的关联性证据调取不完整，无法证实部分被害人系本案犯罪组织所骗。三是台湾地区警方提供的台湾地区犯罪嫌疑人出入境记录不完整，北京市公安局出入境管理总队出具的出入境记录与犯罪嫌疑人的供述等其他证据不尽一致，现有证据不能证实各犯罪嫌疑人参加诈骗犯罪组织的具体时间。

针对上述问题，北京市人民检察院第二分院于 2016 年 12 月 17 日、2017 年 3 月 7 日两次将案件退回公安机关补充侦查，并提出以下补充侦查意见：一是通过中国驻肯尼亚大使馆确认抓获犯罪嫌疑人和外方起获物证的具体时间，将此时间作为电子数据无污损鉴定的起始基准时间，对电子数据重新进行无污损鉴定，以确保电子数据的客观性。二是补充调取犯罪嫌疑人使用网络电话与被害人通话的记录、被害人向犯罪嫌疑人指定银行账户转账汇款的记录、犯罪嫌疑人的收款账户交易明细等证据，以准确认定本案被害人。三是调取各犯罪嫌疑人护照，由北京市公安局出入境管理总队结合护照，出具完整的出入境记录，补充讯问负责管理护照的犯罪嫌疑人，核实部分犯罪嫌疑人是否中途离开过诈骗窝点，以准确认定各犯罪嫌疑人参加犯罪组织的具体时间。补充侦查期间，检察机关就补侦事项及时与公安机关加强当面沟通，落实补证要求。与此同时，检察人员会同侦查人员共赴国家信息中心电子数据司法鉴定中心，就电子数据提取和无污损鉴定等问题向行业专家咨询，解决了无污损鉴定的具体要求以及提取、固定电子数据的范围、程序等问题。检察机关还对公安机关以《司法鉴定书》记录电子数据勘验过程的做法提出意见，要求将《司法鉴定书》转化为勘验笔录。通过上述工作，全案证据得到进一步完善，最终形成补充侦查卷 21 册，为案件的审查和提起公诉奠定了坚实基础。

检察机关经审查认为，根据肯尼亚警方出具的《调查报告》、我国驻肯尼亚大使馆出具的《情况说明》以及公安机关出具的扣押决定书、扣押清单等，能够确定境外获取的证据来源合法，移交过程真实、连贯、合法。国家信息中心电子数据司法鉴定中心重新作出的无污损鉴定，鉴定的起始基准时间与肯尼亚警方抓获犯罪嫌疑人并起获涉案设备的时间一致，能够证实电子数据的真实性。涉案笔记本电脑和手机中提取的 Skype 账户登录信息等电子数据与犯罪嫌疑人的供述相互印证，能够确定犯罪嫌疑人的网络身份和现实身份具有一致性。75 名被害人与诈骗犯罪组织间的关联性证据已补充到位，具体表现为：网络电话、Skype 聊天记录等与被害人陈述的诈骗电话号码、银行账号等证据相互印证；电子数据中的聊天时间、通话时间与银行交易记录中的转账时间相互印证；被害人陈述的被骗经过与被告人供述的诈骗方式相互印证。本案的 75 名被害人被骗的证据均满足上述印证关系。

（三）出庭指控犯罪

2017 年 4 月 1 日，北京市人民检察院第二分院根据犯罪情节，对该诈骗犯罪集团中的 52 名犯罪嫌疑人作出不同处理决定。对张凯闵等 50 人以诈骗罪分两案向北京市第二中级人民法院提起公诉，对另 2 名情节较轻的犯罪嫌疑人作出不起诉决定。7 月 18 日、7 月 19 日，北京市第二中级人民法院公开开庭审理了本案。

庭审中，50名被告人对指控的罪名均未提出异议，部分被告人及其辩护人主要提出以下辩解及辩护意见：一是认定犯罪集团缺乏法律依据，应以被告人实际参与诈骗成功的数额认定其犯罪数额。二是被告人系犯罪组织雇用的话务员，在本案中起次要和辅助作用，应认定为从犯。三是检察机关指控的犯罪金额证据不足，没有形成完整的证据链条，不能证明被害人是被告人所骗。

针对上述辩护意见，公诉人答辩如下：

一是该犯罪组织以共同实施电信网络诈骗犯罪为目的而组建，首要分子虽然没有到案，但在案证据充分证明该犯罪组织在首要分子的领导指挥下，有固定人员负责窝点的组建管理、人员的召集培训，分工担任一线、二线、三线话务员，该诈骗犯罪组织符合刑法关于犯罪集团的规定，应当认定为犯罪集团。

二是在案证据能够证实二线、三线话务员不仅实施了冒充警察、检察官接听拨打电话的行为，还在犯罪集团中承担了组织管理工作，在共同犯罪中起主要作用，应认定为主犯。对从事一线接听拨打诈骗电话的被告人，已作区别对待。该犯罪集团在印度尼西亚和肯尼亚先后设立3个窝点，参加过2个以上窝点犯罪的一线人员属于积极参加犯罪，在犯罪中起主要作用，应认定为主犯；仅参加其中一个窝点犯罪的一线人员，参与时间相对较短，实际获利较少，可认定为从犯。

三是本案认定诈骗犯罪集团与被害人之间关联性的证据主要有：犯罪集团使用网络电话与被害人电话联系的通话记录；犯罪集团的Skype聊天记录中提到了被害人姓名、公民身份号码等个人信息；被害人向被告人指定银行账户转账汇款的记录。起诉书认定的75名被害人至少包含上述一种关联方式，实施诈骗与被骗的证据能够形成印证关系，足以认定75名被害人被本案诈骗犯罪组织所骗。

（四）处理结果

2017年12月21日，北京市第二中级人民法院作出一审判决，认定被告人张凯闵等50人以非法占有为目的，参加诈骗犯罪集团，利用电信网络技术手段，分工合作，冒充国家机关工作人员或其他单位工作人员，诈骗被害人钱财，各被告人的行为均已构成诈骗罪，其中28人系主犯，22人系从犯。法院根据犯罪事实、情节并结合各被告人的认罪态度、悔罪表现，对张凯闵等50人判处十五年至一年九个月不等有期徒刑，并处剥夺政治权利及罚金。张凯闵等部分被告人以量刑过重为由提出上诉。2018年3月，北京市高级人民法院二审裁定驳回上诉，维持原判。

【指导意义】

（一）对境外实施犯罪的证据应着重审查合法性

对在境外获取的实施犯罪的证据，一是要审查是否符合我国刑事诉讼法的相关规定，对能够证明案件事实且符合刑事诉讼法规定的，可以作为证据使用。二是对基于有关条约、司法互助协定、两岸司法互助协议或通过国际组织委托调取的证据，应注意审查相关办理程序、手续是否完备，取证程序和条件是否符合有关法律文件的规定。对不具有规定规范的，一般应当要求提供所在国公证机关证明，由所在国中央外交主管机关或其授权机关认证，并经我国驻该国使、领馆认证。三是对委托取得的境外证据，移交过程中应注意审查过程是否连续、手续是否齐全、交接物品是否完整、双方的交接清单记载的物品信息是否一致、交接清单与交接物品是否一一对应。四是对当事人及其辩护人、诉讼代理人提供的来自境外的证据材料，要审查其是否按照条约等相关规定办理了公证和认证，并经我国驻该国使、领馆认证。

（二）对电子数据应重点审查客观性

一要审查电子数据存储介质的真实性。通过审查存储介质的扣押、移交等法律手续及清单，核实电子数据存储介质在收集、保管、鉴定、检查等环节中是否保持原始性和同一性。二要审查电子数据本身是否客观、真实、完整。通过审查电子数据的来源和收集过程，核实电子数据是否从原始存储介质中提取，收集的程序和方法是否符合法律和相关技术规范。对从境外起获的存储介质中提取、恢复的电子数据应当进行无污损鉴定，将起获设备的时间作为鉴定的起始基准时间，以保证电子数据的客观、真实、完整。三要审查电子数据内容的真实性。通过审查在案言词证据能否与电子数据相互印证，不同的电子数据间能否相互印证等，核实电子数据包含的案件信息能否与在案的其他证据相互印证。

（三）紧紧围绕电话卡和银行卡审查认定案件事实

办理电信网络诈骗犯罪案件，认定被害人数量及诈骗资金数额的相关证据，应当紧紧围绕电话卡和银行卡等证据的关联性来认定犯罪事实。一是通过电话卡建立被害人与诈骗犯罪组织间的关联。通过审查诈骗犯罪组织使用的网络电话拨打记录清单、被害人接到诈骗电话号码的陈述以及被害人提供的通话记录详单等通讯类证据，认定被害人与诈骗犯罪组织间的关联性。二是通过银行卡建立被害人与诈骗犯罪组织间的关联。通过审查被害人提供的银行账户交易明细、银行客户通知书、诈骗犯罪集团指定银行账户信息等书证以及诈骗犯罪组织使用的互联网软件聊天记录，核实聊天记录中是否出现被害人的转账账户，以确定被害人与诈骗犯罪组织间的关联性。三是将电话卡和银行卡结合起来认定被害人及诈骗数额。审查被害人接到诈骗电话的时间、向诈骗犯罪组织指定账户转款的时间，诈骗犯罪组织手机或电脑中储存的聊天记录中出现的被害人的账户信息和转账时间是否印证。相互关联印证的，可以认定为案件被害人，被害人实际转账的金额可以认定为诈骗数额。

（四）有明显首要分子，主要成员固定，其他人员有一定流动性的电信网络诈骗犯罪组织，可以认定为诈骗犯罪集团

实施电信网络诈骗犯罪，大都涉案人员众多、组织严密、层级分明、各环节分工明确。对符合刑法关于犯罪集团规定，有明确首要分子，主要成员固定，其他人员虽有一定流动性的电信网络诈骗犯罪组织，依法可以认定为诈骗犯罪集团。对出资筹建诈骗窝点、掌控诈骗所得资金、制定犯罪计划等起组织、指挥管理作用的，依法可以认定为诈骗犯罪集团首要分子，按照集团所犯的全部罪行处罚。对负责协助首要分子组建窝点、招募培训人员等起积极作用的，或加入时间较长，通过接听拨打电话对受害人进行诱骗，次数较多、诈骗金额较大的，依法可以认定为主犯，按照其参与或组织、指挥的全部犯罪处罚。对诈骗次数较少、诈骗金额较小，在共同犯罪中起次要或者辅助作用的，依法可以认定为从犯，依法从轻、减轻或免除处罚。

【相关规定】

《中华人民共和国刑法》第六条、第二十六条、第二百六十六条

《中华人民共和国刑事诉讼法》第十八条、第二十五条

《中华人民共和国国际刑事司法协助法》第九条、第十条、第二十五条、第二十六条、第三十九条、第四十条、第四十一条、第六十八条

《最高人民法院、最高人民检察院关于办理诈骗刑事案件具体应用法律若干问题的解释》第一条、第二条

《最高人民法院、最高人民检察院、公安部关于办理电信网络诈骗等刑事案件适用法律若干问题的意见》

《最高人民法院、最高人民检察院、公安部关于办理刑事案件收集提取和审查判断电子数据若干问题的规定》

《检察机关办理电信网络诈骗案件指引》

《最高人民法院关于适用〈中华人民共和国刑事诉讼法〉的解释》第四百零五条

# 叶源星、张剑秋提供侵入计算机信息系统程序、谭房妹非法获取计算机信息系统数据案

## （检例第 68 号）

【关键词】专门用于侵入计算机信息系统的程序　非法获取计算机信息系统数据　撞库　打码

【要　旨】

对有证据证明用途单一，只能用于侵入计算机信息系统的程序，司法机关可依法认定为"专门用于侵入计算机信息系统的程序"；难以确定的，应当委托专门部门或司法鉴定机构作出检验或鉴定。

【基本案情】

叶源星，男，1977 年 3 月 10 日出生，超市网络维护员。

张剑秋，男，1972 年 8 月 14 日出生，小学教师。

谭房妹，男，1993 年 4 月 5 日出生，农民。

2015 年 1 月，被告人叶源星编写了用于批量登录某电商平台账户的"小黄伞"撞库软件（"撞库"是指黑客通过收集已泄露的用户信息，利用账户使用者相同的注册习惯，如相同的用户名和密码，尝试批量登录其他网站，从而非法获取可登录用户信息的行

为）供他人免费使用。"小黄伞"撞库软件运行时，配合使用叶源星编写的打码软件（"打码"是指利用人工大量输入验证码的行为）可以完成撞库过程中对大量验证码的识别。叶源星通过网络向他人有偿提供打码软件的验证码识别服务，同时将其中的人工输入验证码任务交由被告人张剑秋完成，并向其支付费用。

2015年1月至9月，被告人谭房妹通过下载使用"小黄伞"撞库软件，向叶源星购买打码服务，获取到某电商平台用户信息2.2万余组。

被告人叶源星、张剑秋通过实施上述行为，从被告人谭房妹处获取违法所得共计人民币4万余元。谭房妹通过向他人出售电商平台用户信息，获取违法所得共计人民币25万余元。法院审理期间，叶源星、张剑秋、谭房妹退缴了全部违法所得。

【指控与证明犯罪】

（一）审查起诉

2016年10月10日，浙江省杭州市公安局余杭区分局以犯罪嫌疑人叶源星、张剑秋、谭房妹涉嫌非法获取计算机信息系统数据罪移送杭州市余杭区人民检察院审查起诉。期间，叶源星、张剑秋的辩护人向检察机关提出二名犯罪嫌疑人无罪的意见。叶源星的辩护人认为，叶源星利用"小黄伞"软件批量验证已泄露信息的行为，不构成非法获取计算机信息系统数据罪。张剑秋的辩护人认为，张剑秋不清楚组织打码是为了非法获取某电商平台的用户信息。张剑秋与叶源星没有共同犯罪故意，不构成非法获取计算机信息系统数据罪。

杭州市余杭区人民检察院经审查认为，犯罪嫌疑人叶源星编制"小黄伞"撞库软件供他人使用，犯罪嫌疑人张剑秋组织码工打码，犯罪嫌疑人谭房妹非法获取网络用户信息并出售牟利的基本事实清楚，但需要进一步补强证据。2016年11月25日、2017年2月7

日，检察机关二次将案件退回公安机关补充侦查，明确提出需要补查的内容、目的和要求。一是完善"小黄伞"软件的编制过程、运作原理、功能等方面的证据，以便明确"小黄伞"软件是否具有避开或突破某电商平台服务器的安全保护措施，非法获取计算机信息系统数据的功能。二是对扣押的张剑秋电脑进行补充勘验，以便确定张剑秋主观上是否明知其组织打码行为是为他人非法获取某电商平台用户信息提供帮助；调取张剑秋与叶源星的 QQ 聊天记录，以便查明二人是否有犯意联络。三是提取叶源星被扣押电脑的 MAC 地址（又叫网卡地址，由 12 个 16 进制数组成，是上网设备在网络中的唯一标识），分析"小黄伞"软件源代码中是否含有叶源星电脑的 MAC 地址，以便查明某电商平台被非法登录过的账号与叶源星编制的"小黄伞"撞库软件之间是否存在关联性。四是对被扣押的谭房妹电脑和 U 盘进行补充勘验，调取其中含有账号、密码的文件，查明文件的生成时间和特征，以便确定被查获的存储介质中的某电商平台用户信息是否系谭房妹使用"小黄伞"软件获取。

公安机关按照检察机关的要求，对证据作了进一步补充完善。同时，检察机关就"小黄伞"软件的运行原理等问题，听取了技术专家意见。结合公安机关两次退查后补充的证据，案件证据中存在的问题已经得到解决：

一是明确了"小黄伞"软件具有以下功能特征：（1）"小黄伞"软件用途单一，仅针对某电商平台账号进行撞库和接入打码平台，这种非法侵入计算机信息系统获取用户数据的程序没有合法用途。（2）"小黄伞"软件具有避开或突破计算机信息系统安全保护措施的功能。在实施撞库过程中，一个 IP 地址需要多次登录大量账号，为防止被某电商平台识别为非法登录，导致 IP 地址被封锁，"小黄伞"软件被编入自动拨号功能，在批量登录几组账号后，会自动切换新的 IP 地址，从而达到避开该电商平台安全防护的目的。

（3）"小黄伞"软件具有绕过验证码识别防护措施的功能。在他人利用非法获取的该电商平台账号登录时，需要输入验证码。"小黄伞"软件会自动抓取验证码图片发送到打码平台，由张剑秋组织的码工对验证码进行识别。（4）"小黄伞"软件具有非法获取计算机信息系统数据的功能。"小黄伞"软件对登录成功的某电商平台账号，在未经授权的情况下，会自动抓取账号对应的昵称、注册时间、账号等级等信息数据。根据以上特征，可以认定"小黄伞"软件属于刑法规定的"专门用于侵入计算机信息系统的程序"。

二是从张剑秋和叶源星电脑中补充勘查到的 QQ 聊天记录等电子数据证实，叶源星与张剑秋聊天过程中曾提及"扫平台""改一下平台程序""那些人都是出码的"；通过补充讯问张剑秋和叶源星，明确了张剑秋明知其帮叶源星打验证码可能被用于非法目的，仍然帮叶源星做打码代理。上述证据证实张剑秋与叶源星之间已经形成犯意联络，具有共同犯罪故意。

三是通过进一步补充证据，证实了使用撞库软件的终端设备的 MAC 地址与叶源星电脑的 MAC 地址、"小黄伞"软件的源代码里包含的 MAC 地址一致。上述证据证实叶源星就是"小黄伞"软件的编制者。

四是通过对谭房妹所有包含某电商平台用户账号和密码的文件进行比对，查明了谭房妹利用"小黄伞"撞库软件非法获取的某电商平台用户信息文件不仅包含账号、密码，还包含了注册时间、账号等级、是否验证等信息，而谭房妹从其他渠道非法获取的账号信息文件并不包含这些信息。通过对谭房妹电脑的进一步勘查和对谭房妹的进一步讯问，确定了谭房妹利用"小黄伞"软件登录某电商平台用户账号的过程和具体时间，该登录时间与部分账号信息文件的生成时间均能一一对应。根据上述证据，最终确定谭房妹利用"小黄伞"撞库所得的网络用户信息为 2.2 万余组。

综上，检察机关认为案件事实已查清，但公安机关对犯罪嫌疑人叶源星、张剑秋移送起诉适用的罪名不准确。叶源星、张剑秋共同为他人提供专门用于侵入计算机信息系统的程序，均已涉嫌提供侵入计算机信息系统程序罪；犯罪嫌疑人谭房妹的行为已涉嫌非法获取计算机信息系统数据罪。

（二）出庭指控犯罪

2017年6月20日，杭州市余杭区人民检察院以被告人叶源星、张剑秋构成提供侵入计算机信息系统程序罪，被告人谭房妹构成非法获取计算机信息系统数据罪，向杭州市余杭区人民法院提起公诉。11月17日，法院公开开庭审理了本案。

庭审中，3名被告人对检察机关的指控均无异议。谭房妹的辩护人提出，谭房妹系初犯，归案后能如实供述罪行，自愿认罪，请求法庭从轻处罚。叶源星和张剑秋的辩护人提出以下辩护意见：一是检察机关未提供省级以上有资质机构的检验结论，现有证据不足以认定"小黄伞"软件是"专门用于侵入计算机信息系统的程序"。二是张剑秋与叶源星间没有共同犯罪的主观故意。三是叶源星和张剑秋的违法所得金额应扣除支付给码工的钱款。

针对上述辩护意见，公诉人答辩如下：一是在案电子数据、勘验笔录、技术人员的证言、被告人供述等证据相互印证，足以证实"小黄伞"软件具有避开和突破计算机信息系统安全保护措施，未经授权获取计算机信息系统数据的功能，属于法律规定的"专门用于侵入计算机信息系统的程序"。二是被告人叶源星与张剑秋具有共同犯罪的故意。QQ聊天记录反映两人曾提及非法获取某电商平台用户信息的内容，能证实张剑秋主观明知其组织他人打码系用于批量登录该电商平台账号。张剑秋组织他人帮助打码的行为和叶源星提供撞库软件的行为相互配合，相互补充，系共同犯罪。三是被告人叶源星、张剑秋的违法所得应以其出售验证码服务的金额认定，给码工等相关支出均属于犯罪成本，不应扣除。二人系共同犯罪，应当对全部犯罪数额承担责任。四是3名被告人在庭审中认罪态度较好且上交了全部违法所得，建议从轻处罚。

（三）处理结果

浙江省杭州市余杭区人民法院采纳了检察机关的指控意见，判决认定被告人叶源星、张剑秋的行为已构成提供侵入计算机信息系统程序罪，且系共同犯罪；被告人谭房妹的行为已构成非法获取计算机信息系统数据罪。鉴于3名被告人均自愿认罪，并退出违法所得，对3名被告人判处三年有期徒刑，适用缓刑，并处罚金。宣判后，3名被告人均未提出上诉，判决已生效。

【指导意义】

审查认定"专门用于侵入计算机信息系统的程序"，一般应要求公安机关提供以下证据：一是从被扣押、封存的涉案电脑、U盘等原始存储介质中收集、提取相关的电子数据。二是对涉案程序、被侵入的计算机信息系统及电子数据进行勘验、检查后制作的笔录。三是能够证实涉案程序的技术原理、制作目的、功能用途和运行效果的书证材料。四是涉案程序的制作人、提供人、使用人对该程序的技术原理、制作目的、功能用途和运行效果进行阐述的言词证据，或能够展示涉案程序功能的视听资料。五是能够证实被侵入计算机信息系统安全保护措施的技术原理、功能以及被侵入后果的专业人员的证言等证据。六是对有运行条件的，应要求公安机关进行侦查实验。对有充分证据证明涉案程序是专门设计用于侵入计算机信息系统、非法获取计算机信息系统数据的，可直接认定为"专门用于侵入计算机信息系统的程序"。

证据审查中，可从以下方面对涉案程序是否属于"专门用于侵入计算机信息系统的程序"进行判断：一是结合被侵入的计算机信息系统的安全保护措施，分析涉案程序是否具有侵入的目的，是否具有避开或者突破计算机信息系统安全保护措施的功能。二是结合计算机信息系统被侵入的具体情形，查明涉案程序是否在未经授权或超越授权的情况下，获取计算机信息系统数据。三是分析涉案程序是否属于"专门"用于侵入计算机信息系统的程序。

根据《最高人民法院、最高人民检察院关于办理危害计算机信息系统安全刑事案件应用法律若干问题的解释》第十条和《最高人民法院、最高人民检察院、公安部关于办理刑事案件收集提取和审查判断电子数据若干问题的规定》第十七条的规定，对是否属于"专门用于侵入计算机信息系统的程序"难以确定的，一般应当委托省级以上负责计算机信息系统安全保护管理工作的部门检验，也可由司法鉴定机构出具鉴定意见，或者由公安部指定的机构出具报告。实践中，应重点审查检验报告、鉴定意见对程序运行过程和运行结果的判断，结合案件具体情况，认定涉案程序是否具有突破或避开计算机信息系统安全保护措施，未经授权或超越授权获取计算机信息系统数据的功能。

**【相关规定】**

《中华人民共和国刑法》第二百八十五条、第二十五条

《最高人民法院、最高人民检察院关于办理危害计算机信息系统安全刑事案件应用法律若干问题的解释》第一条、第二条、第三条、第十条、第十一条

《最高人民法院、最高人民检察院、公安部关于办理刑事案件收集提取和审查判断电子数据若干问题的规定》第十七条

# 姚晓杰等 11 人破坏计算机信息系统案

## （检例第 69 号）

【关键词】 破坏计算机信息系统网络攻击　引导取证
损失认定

【要　旨】

为有效打击网络攻击犯罪，检察机关应加强与公安机关的配
合，及时介入侦查引导取证，结合案件特点提出明确具体的补充侦
查意见。对被害互联网企业提供的证据和技术支持意见，应当结合
其他证据进行审查认定，客观全面准确认定破坏计算机信息系统罪
的危害后果。

【基本案情】

被告人姚晓杰，男，1983 年 3 月 27 日出生，无固定职业。

被告人丁虎子，男，1998 年 2 月 7 日出生，无固定职业。

其他 9 名被告人基本情况略。

2017 年初，被告人姚晓杰等人接受王某某（另案处理）雇用，
招募多名网络技术人员，在境外成立"暗夜小组"黑客组织。"暗
夜小组"从被告人丁虎子等 3 人处购买大量服务器资源，再利用木
马软件操控控制端服务器实施 DDoS 攻击（指黑客通过远程控制服
务器或计算机等资源，对目标发动高频服务请求，使目标服务器因
来不及处理海量请求而瘫痪）。2017 年 2—3 月间，"暗夜小组"成
员三次利用 14 台控制端服务器下的计算机，持续对某互联网公司
云服务器上运营的三家游戏公司的客户端 IP 进行 DDoS 攻击。攻击

导致三家游戏公司的 IP 被封堵，出现游戏无法登录、用户频繁掉线、游戏无法正常运行等问题。为恢复云服务器的正常运营，某互联网公司组织人员对服务器进行了抢修并为此支付 4 万余元。

**【指控与证明犯罪】**

（一）介入侦查引导取证

2017 年初，某互联网公司网络安全团队在日常工作中监测到多起针对该公司云服务器的大流量高峰值 DDoS 攻击，攻击源 IP 地址来源不明，该公司随即报案。公安机关立案后，同步邀请广东省深圳市人民检察院介入侦查、引导取证。

针对案件专业性、技术性强的特点，深圳市人民检察院会同公安机关多次召开案件讨论会，就被害单位云服务器受到的 DDoS 攻击的特点和取证策略进行研究，建议公安机关及时将被害单位报案提供的电子数据送国家计算机网络应急技术处理协调中心广东分中心进行分析，确定主要攻击源的 IP 地址。

2017 年 6—9 月间，公安机关陆续将 11 名犯罪嫌疑人抓获。侦查发现，"暗夜小组"成员为逃避打击，在作案后已串供并将手机、笔记本电脑等作案工具销毁或者进行了加密处理。"暗夜小组"成员到案后大多作无罪辩解。有证据证实丁虎子等人实施了远程控制大量计算机的行为，但证明其将控制权出售给"暗夜小组"用于 DDoS 网络攻击的证据薄弱。

鉴于此，深圳市检察机关与公安机关多次会商研究"暗夜小组"团伙内部结构、犯罪行为和技术特点等问题，建议公安机关重点做好以下三方面工作：一是查明导致云服务器不能正常运行的原因与"暗夜小组"攻击行为间的关系。具体包括：对被害单位提供的受攻击 IP 和近 20 万个攻击源 IP 作进一步筛查分析，找出主要攻击源的 IP 地址，并与丁虎子等人出售的控制端服务器 IP 地址进行比对；查清主要攻击源的波形特征和网络协议，并和丁虎子等人控制的攻击服务器特征进行比对，以确定主要攻击是否来自于该控制端服务器；查清攻击时间和云服务器因被攻击无法为三家游戏公司提供正常服务的时间；查清攻击的规模；调取"暗夜小组"实施攻击后给三家游戏公司发的邮件。二是做好犯罪嫌疑人线上身份和线下身份同一性的认定工作，并查清"暗夜小组"各成员在犯罪中的分工、地位和作用。三是查清犯罪行为造成的危害后果。

（二）审查起诉

2017年9月19日，公安机关将案件移送广东省深圳市南山区人民检察院审查起诉。鉴于在案证据已基本厘清"暗夜小组"实施犯罪的脉络，"暗夜小组"成员的认罪态度开始有了转变。经审查，全案基本事实已经查清，基本证据已经调取，能够认定姚晓杰等人的行为已涉嫌破坏计算机信息系统罪：一是可以认定系"暗夜小组"对某互联网公司云服务器实施了大流量攻击。国家计算机网络应急技术处理协调中心广东分中心出具的报告证实，筛选出的大流量攻击源IP中有198个IP为僵尸网络中的被控主机，这些主机由14个控制端服务器控制。通过比对丁虎子等人电脑中的电子数据，证实丁虎子等人控制的服务器就是对三家游戏公司客户端实施网络攻击的服务器。分析报告还明确了云服务器受到的攻击类型和攻击采用的网络协议、波形特征，这些证据与"暗夜小组"成员供述的攻击源特征一致。网络聊天内容和银行交易流水等证据证实"暗夜小组"向丁虎子等3人购买上述14个控制端服务器控制权的事实。电子邮件等证据进一步印证了"暗夜小组"实施攻击的事实。二是通过进一步提取犯罪嫌疑人网络活动记录、犯罪嫌疑人之间的通讯信息、资金往来等证据，结合对电子数据的分析，查清了"暗夜小组"成员虚拟身份与真实身份的对应关系，查明了小组成员在招募人员、日常管理、购买控制端服务器、实施攻击和后勤等各个环节中的分工负责情况。

　　审查中，检察机关发现，攻击行为造成的损失仍未查清：部分犯罪嫌疑人实施犯罪的次数，上下游间交易的证据仍欠缺。针对存在的问题，深圳市南山区人民检察院与公安机关进行了积极沟通，于2017年11月2日和2018年1月16日两次将案件退回公安机关补充侦查。一是鉴于证实受影响计算机信息系统和用户数量的证据已无法调取，本案只能以造成的经济损失认定危害后果。因此，要求公安机关补充调取能够证实某互联网公司直接经济损失或为恢复网络正常运行支出的必要费用等证据，并交专门机构作出评估。二是进一步补充证实"暗夜小组"成员参与每次网络攻击具体情况以及攻击服务器控制权在"暗夜小组"与丁虎子等人间流转情况的证据。三是对丁虎子等人向"暗夜小组"提供攻击服务器控制权的主观明知证据作进一步补强。

　　公安机关按要求对证据作了补强和完善，全案事实已查清，案件证据确实充分，已经形成了完整的证据链条。

　　（三）出庭指控犯罪

　　2018年3月6日，深圳市南山区人民检察院以被告人姚晓杰等11人构成破坏计算机信息系统罪向深圳市南山区人民法院提起公诉。4月27日，法院公开开庭审理了本案。

　　庭审中，11名被告人对检察机关的指控均表示无异议。部分辩护人提出以下辩护意见：一是网络攻击无处不在，现有证据不能认定三家网络游戏公司受到的攻击均是"暗夜小组"发动的，不能排除攻击来自其他方面。二是即便认定"暗夜小组"参与对三家网络游戏公司的攻击，也不能将某互联网公司支付给抢修系统数据的员工工资认定为本案的经济损失。

　　针对辩护意见，公诉人答辩如下：一是案发时并不存在其他大规模网络攻击，在案证据足以证实只有"暗夜小组"针对云服务器进行了DDoS高流量攻击，每次的攻击时间和被攻击的时间完全吻合，攻击手法、流量波形、攻击源 IP 和攻击路径与被告人供述及其他证据相互印证，现有证据足以证明三家网络游戏公司客户端不能正常运行系受"暗夜小组"攻击导致。二是根据法律规定，"经济损失"包括危害计算机信息系统犯罪行为给用户直接造成的经济损失以及用户为恢复数据、功能而支出的必要费用。某互联网公司为修复系统数据、功能而支出的员工工资系因犯罪产生的必要费用，应当认定为本案的经济损失。

（四）处理结果

2018 年 6 月 8 日，广东省深圳市南山区人民法院判决认定被告人姚晓杰等 11 人犯破坏计算机信息系统罪；鉴于各被告人均表示认罪悔罪，部分被告人具有自首等法定从轻、减轻处罚情节，对 11 名被告人分别判处有期徒刑一年至二年不等。宣判后，11 名被告人均未提出上诉，判决已生效。

【指导意义】

（一）立足网络攻击犯罪案件特点引导公安机关收集调取证据。对重大、疑难、复杂的网络攻击类犯罪案件，检察机关可以适时介入侦查引导取证，会同公安机关研究侦查方向，在收集、固定证据等方面提出法律意见。一是引导公安机关及时调取证明网络攻击犯罪发生、证明危害后果达到追诉标准的证据。委托专业技术人员对收集提取到的电子数据等进行检验、鉴定，结合在案其他证据，明确网络攻击类型、攻击特点和攻击后果。二是引导公安机关调取证明网络攻击是犯罪嫌疑人实施的证据。借助专门技术对攻击源进行分析，溯源网络犯罪路径。审查认定犯罪嫌疑人网络身份与现实身份的同一性时，可通过核查 IP 地址、网络活动记录、上网终端归属，以及证实犯罪嫌疑人与网络终端、存储介质间的关联性综合判断。犯罪嫌疑人在实施网络攻击后，威胁被害人的证据可作为认定攻击事实和因果关系的证据。有证据证明犯罪嫌疑人实施了攻击行为，网络攻击类型和特点与犯罪嫌疑人实施的攻击一致，攻击时间和被攻击时间吻合的，可以认定网络攻击系犯罪嫌疑人实施。三是网络攻击类犯罪多为共同犯罪，应重点审查各犯罪嫌疑人的供述和辩解、手机通信记录等，通过审查自供和互证的情况以及与其他证据间的印证情况，查明各犯罪嫌疑人间的犯意联络、分工和作用，准确认定主、从犯。四是对需要通过退回补充侦查进一步完善上述证据的，在提出补充侦查意见时，应明确列出每一项证据的补侦目的，以及为了达到目的需要开展的工作。在补充侦查过程中，要适时与公安机关面对面会商，了解和掌握补充侦查工作的进展，共同研究分析补充到的证据是否符合起诉和审判的标准和要求，为补充侦查工作提供必要的引导和指导。

（二）对被害单位提供的证据和技术支持意见需结合其他在案证据作出准确认定。网络攻击类犯罪案件的被害人多为大型互联网企业。在打击该类犯罪的过程中，司法机关往往会借助被攻击的互联网企业在网络技术、网络资源和大数据等方面的优势，进行溯源分析或对攻击造成的危害进行评估。由于互联网企业既是受害方，有时也是技术支持协助方，为确保被害单位提供的证据客观真实，必须特别注意审查取证过程的规范性；有条件的，应当聘请专门机构对证据的完整性进行鉴定。如条件不具备，应当要求提供证据的被害单位对证据作出说明。同时要充分运用印证分析审查思路，将被害单位提供的证据与在案其他证据，如从犯罪嫌疑人处提取的电子数据、社交软件聊天记录、银行流水、第三方机构出具的鉴定意见、证人证言、犯罪嫌疑人供述等证据作对照分析，确保不存在人为改变案件事实或改变案件危害后果的情形。

（三）对破坏计算机信息系统的危害后果应作客观全面准确认定。实践中，往往倾向于依据犯罪违法所得数额或造成的经济损失认定破坏计算机信息系统罪的危害后果。但是在一些案件中，违法所得或经济损失并不能全面、准确反映出犯罪行为所造成的危害。有的案件违法所得或者经济损失的数额并不大，但网络攻击行为导致受影响的用户数量特别大，有的导致用户满意度降低或用户流失，有的造成了恶劣社会影响。对这类案件，如果仅根据违法所得或经济损失数额来评估危害后果，可能会导致罪刑不相适应。因此，在办理破坏计算机信息系统犯罪案件时，检察机关应发挥好介入侦查引导取证的作用，及时引导公安机关按照法律规定，从扰乱公共秩序的角度，收集、固定能够证实受影响的计算机信息系统数量或用户数量、受影响或被攻击的计算机信息系统不能正常运行的累计时间、对被害企业造成的影响等证据，对危害后果作出客观、全面、准确认定，做到罪责相当、罚当其罪，使被告人受到应有惩处。

**【相关规定】**

《中华人民共和国刑法》第二百八十六条

《最高人民法院、最高人民检察院关于办理危害计算机信息系统安全刑事案件应用法律若干问题的解释》第四条、第六条、第十一条

## 最高人民检察院
## 关于印发最高人民检察院
## 第十九批指导性案例的通知

（2020 年 2 月 28 日公布　高检发办字〔2020〕24 号）

各级人民检察院：

经 2019 年 12 月 31 日最高人民检察院第十三届检察委员会第三十次会议决定，现将宣告缓刑罪犯蔡某等 12 人减刑监督案等三件指导性案例（检例第 70—72 号）作为第十九批指导性案例发布，供参照适用。

最高人民检察院

2020 年 2 月 28 日

# 宣告缓刑罪犯蔡某等 12 人减刑监督案

## （检例第 70 号）

【关键词】缓刑罪犯减刑　持续跟进监督　地方规范性文件法律效力　最终裁定纠正违法意见

【要　旨】

对于判处拘役或者三年以下有期徒刑并宣告缓刑的罪犯，在缓刑考验期内确有悔改表现或者有一般立功表现，一般不适用减刑。在缓刑考验期内有重大立功表现的，可以参照刑法第七十八条的规定予以减刑。人民法院对宣告缓刑罪犯裁定减刑适用法律错误的，人民检察院应当依法提出纠正意见。人民法院裁定维持原减刑裁定的，人民检察院应当继续予以监督。

【基本案情】

罪犯蔡某，女，1966 年 9 月 6 日出生，因犯受贿罪于 2009 年 12 月 22 日被江苏省南京市雨花台区人民法院判处有期徒刑三年，缓刑四年，缓刑考验期自 2010 年 1 月 4 日起至 2014 年 1 月 3 日止。另有罪犯陈某某、丁某某、胡某等 11 人分别因犯故意伤害、盗窃、诈骗等罪被人民法院判处有期徒刑并宣告缓刑。上述 12 名缓刑罪犯，分别在南京市的 7 个市辖区接受社区矫正。

2013 年 1 月，南京市司法局以蔡某等 12 名罪犯在社区矫正期间确有悔改表现为由，向南京市中级人民法院提出减刑建议。2013 年 2 月 7 日，南京市中级人民法院以蔡某等 12 名罪犯能认罪服法、遵守法律法规和社区矫正相关规定、确有悔改表现为由，依照刑法

第七十八条规定，分别对上述罪犯裁定减去六个月、三个月不等的有期徒刑，并相应缩短缓刑考验期。

**【检察机关监督情况】**

线索发现。2014 年 8 月，南京市人民检察院在开展减刑、假释、暂予监外执行专项检察活动中发现，南京市中级人民法院对 2014 年 8 月之前作出的部分减刑、假释裁定，未按法定期限将裁定书送达南京市人民检察院，随后依法提出书面纠正意见。南京市中级人民法院接受监督意见，将减刑、假释裁定书送达南京市人民检察院。南京市人民检察院通过将减刑、假释裁定书与辖区内在押人员信息库和社区矫正对象信息库进行逐一比对，发现南京市中级人民法院对蔡某等 12 名缓刑罪犯裁定减刑可能不当。

调查核实。为查明蔡某等 12 名缓刑罪犯是否符合减刑条件，南京市人民检察院牵头，组织有关区人民检察院联合调查，调取了蔡某等 12 名罪犯在社区矫正期间的原始档案材料，并实地走访社区矫正部门、基层街道社区，了解相关罪犯在社区矫正期间实际表现、奖惩、有无重大立功表现等情况。经调查核实，蔡某等 12 名缓刑罪犯，虽然在社区矫正期间能够认罪服法，认真参加各类矫治活动，按期报告法定事项，受到多次表扬，均确有悔改表现，但是均无重大立功表现。

监督意见。南京市人民检察院经审查认为，南京市中级人民法院对没有重大立功表现的缓刑罪犯裁定减刑，违反了《最高人民法院关于办理减刑、假释案件具体应用法律若干问题的规定》第十三条"判处拘役或者三年以下有期徒刑并宣告缓刑的罪犯，一般不适用减刑。前款规定的罪犯在缓刑考验期限内有重大立功表现的，可以参照刑法第七十八条的规定，予以减刑，同时应依法缩减其缓刑考验期限。拘役的缓刑考验期限不能少于二个月，有期徒刑的缓刑考验期限不能少于一年"的规定，依法应当予以纠正。2014 年 10

月 14 日南京市人民检察院向南京市中级人民法院分别发出 12 份《纠正不当减刑裁定意见书》。南京市中级人民法院重新组成合议庭对上述案件进行审理，2014 年 12 月 4 日作出了维持对蔡某等 12 名罪犯减刑的刑事裁定。主要理由是，依据 2004 年、2006 年江苏省、南京市两级人民法院、人民检察院、公安机关、司法行政机关先后制定的有关社区矫正规范性文件的有关规定，蔡某等 12 名罪犯在社区矫正期间受到多次表扬，确有悔改表现，可以给予减刑，因此原刑事裁定并无不当。经再次审查，南京市人民检察院认为南京市中级人民法院的刑事裁定仍违反法律规定，于 2014 年 12 月 24 日向该院发出《纠正违法通知书》，要求该院纠正。

2015 年 1 月 8 日，南京市中级人民法院重新另行组成合议庭对上述案件进行了审理；南京市人民检察院依法派员出庭，宣读了《纠正违法通知书》，发表了检察意见；南京市司法局作为提请减刑的机关，派员出庭发表意见，认为在社区矫正试点期间，为了调动社区矫正对象接受矫正积极性，江苏省、南京市有关部门先后制定规范性文件，规定对获得多次表扬的社区矫正对象可以给予减刑。这些规范性文件目前还没有废止，可以作为减刑的依据。出庭检察人员指出，2012 年 3 月 1 日实施的《社区矫正实施办法》明确规定，符合法定减刑条件是为社区矫正人员办理减刑的前提，因此，对缓刑罪犯减刑应当适用法律和司法解释的规定，不应当适用与法律和司法解释相冲突的地方规范性文件。

监督结果。2015 年 1 月 21 日，南京市中级人民法院重新作出刑事裁定，同意南京市人民检察院的纠正意见，认定对蔡某等 12 名缓刑罪犯作出的原减刑裁定、原再审减刑裁定，系适用法律错误，分别裁定撤销原减刑裁定、原再审减刑裁定，对蔡某等 12 名缓刑罪犯不予减刑，剩余缓刑考验期继续执行。裁定生效后，南京市中级人民法院及时将法律文书交付执行机关执行，蔡某等 12 名罪犯在法定期限内到原区司法局报到，接受社区矫正。

**【指导意义】**

1. 人民法院减刑裁定适用法律错误，人民检察院应当依法监督纠正。人民检察院在办理减刑、假释案件时，应准确把握法院减刑、假释裁定所依据规范性文件。对于地方人民法院、人民检察院制定的司法解释性文件，应当根据《最高人民法院、最高人民检察院关于地方人民法院、人民检察院不得制定司法解释性质文件的通知》予以清理。人民法院依据地方人民法院、人民检察院制定的司法解释性文件作出裁定的，属于适用法律错误，人民检察院应当依法向人民法院提出书面监督纠正意见，监督人民法院重新组成合议庭进行审理。

2. 人民法院对没有重大立功表现的缓刑罪犯裁定减刑的，人民检察院应当予以监督纠正。减刑、假释是我国重要的刑罚执行制度，不符合法定条件和非经法定程序，不得减刑、假释。根据有关法律和司法解释的规定，判处拘役或者三年以下有期徒刑并宣告缓刑的罪犯，一般不适用减刑；在缓刑考验期限内有重大立功表现的，可以参照刑法第七十八条的规定，予以减刑。因此，对缓刑罪犯适用减刑的法定条件是在缓刑考验期限内有重大立功表现。根据社区矫正的有关规定，人民检察院依法对社区矫正工作实行法律监督，发现社区矫正机构对宣告缓刑的罪犯向人民法院提出减刑建议不当的，应当依法提出纠正意见；发现人民法院对于确有悔改表现或者有一般立功表现但没有重大立功表现的缓刑罪犯裁定减刑的，应当依法向人民法院发出《纠正不当减刑裁定意见书》，申明监督理由、依据和意见，监督人民法院重新组成合议庭进行审理并作出最终裁定。

3. 人民检察院发现人民法院已经生效的减刑、假释裁定仍有错误的，应当继续向人民法院提出书面纠正意见。人民检察院对人民法院减刑、假释的裁定提出纠正意见后，应当监督人民法院在收到纠正意见后一个月内重新组成合议庭进行审理，并监督人民法院重新作出的裁定是否符合法律规定。人民法院重新作出的裁定仍不符合法律规定的，人民检察院应当继续向人民法院提出纠正意见，提请人民法院按照审判监督程序依法另行组成合议庭重新审理并作出裁定。对人民法院仍然不采纳纠正意见的，人民检察院应当提请上级人民检察院继续监督。

**【相关规定】**

《中华人民共和国刑法》第七十八条

《最高人民法院关于办理减刑、假释案件具体应用法律若干问题的规定》第十三条

《人民检察院刑事诉讼规则》第六百四十一条

《社区矫正实施办法》第二十八条

# 罪犯康某假释监督案

## （检例第 71 号）

**【关键词】** 未成年罪犯　假释适用　帮教

**【要　旨】**

人民检察院办理未成年罪犯减刑、假释监督案件，应当比照成年罪犯依法适当从宽把握假释条件。对既符合法定减刑条件又符合法定假释条件的，可以建议刑罚执行机关优先适用假释。审查未成年罪犯是否符合假释条件时，应当结合犯罪的具体情节、原判刑罚情况、刑罚执行中的表现、家庭帮教能力和条件等因素综合认定。

**【基本案情】**

罪犯康某，男，1999 年 9 月 29 日出生，汉族，初中文化。2016 年 12 月 23 日因犯抢劫罪被河南省安阳市中级人民法院终审判处有期徒刑三年，并处罚金人民币 1000 元，刑期至 2018 年 11 月 13 日。康某因系未成年罪犯，于 2017 年 1 月 20 日被交付到河南省郑州未成年犯管教所执行刑罚。2018 年 6 月，郑州未成年犯管教所在办理减刑过程中，认定康某认真遵守监规，接受教育改造，确有悔改表现，拟对其提请减刑。

**【检察机关监督情况】**

线索发现。2018 年 6 月，郑州未成年犯管教所就罪犯康某提请减刑征求检察机关意见，郑州市人民检察院审查认为，康某符合法定减刑条件，同时符合法定假释条件，依据相关司法解释规定可以优先适用假释。与对罪犯适用减刑相比，假释更有利于促进罪犯教育改造和融入社会。

调查核实。为了确保监督意见的准确性，派驻检察室根据假释的条件重点开展了以下调查核实工作：一是对康某改造表现进行考量。通过询问罪犯、监管民警及相关人员，查阅计分考核材料，认定康某在服刑期间确有悔改表现。二是对康某原判犯罪情节进行考量。通过审查案卷材料，查明康某虽系抢劫犯罪，但其犯罪时系在校学生，犯罪情节较轻，且罚金刑已履行完毕。三是对康某假释后是否具有再犯罪危险进行考量。结合司法局出具的"关于对康某适用假释调查评估意见书"，走访调取了康某居住地村支书、邻居等人的证言，证实康某犯罪前表现良好，无犯罪前科和劣迹，且上述人员均愿意协助监管帮教康某。四是对康某家庭是否具有监管条件和能力进行考量。通过走访康某原在校班主任，其证实康某在校期间系班干部，学习刻苦，乐于助人，无违反校规校纪情况；康某的父母职业稳定，认识到康某所犯罪行的社会危险性，对康某假释后监管帮教有明确可行的措施和计划。

监督意见。2018 年 6 月 26 日，郑州市人民检察院提出对罪犯康某依法提请假释的检察意见。郑州未成年犯管教所接受检察机关的意见，于 2018 年 6 月 28 日向郑州市中级人民法院提请审核裁定。为增强假释庭审效果，督促罪犯父母协助落实帮教措施，郑州市人民检察院提出让康某的父母参加假释庭审的建议并被郑州市中级人民法院采纳。

监督结果。2018 年 7 月 27 日，郑州市中级人民法院在郑州未成年犯管教所开庭审理罪犯康某假释案。庭审中，检察人员发表了依法对康某假释的检察意见，对康某成长经历、犯罪轨迹、性格特征、原判刑罚执行、假释后监管条件和帮教措施等涉及康某假释的问题进行了说明。康某的父母以及郑州未成年犯管教所百余名未成年服刑罪犯旁听了庭审，康某父母检讨了在教育孩子问题上的不足并提出了假释后的家庭帮教措施，百余名未成年罪犯受到了很好的法制教育。2018 年 7 月 30 日，郑州市中级人民法院依法对罪犯康某裁定假释。

**【指导意义】**

1. 罪犯既符合法定减刑条件又符合法定假释条件的，可以优先适用假释。减刑、假释都是刑罚变更执行的重要方式，与减刑相比，假释更有利于维护裁判的权威和促进罪犯融入社会、预防罪犯再犯罪。目前，世界其他法治国家多数是实行单一假释制度或者是假释为主、减刑为辅的刑罚变更执行制度。但在我国司法实践中，减刑、假释适用不平衡，罪犯减刑比例一般在百分之二十多，假释比例只有百分之一左右，假释适用率低。人民检察院在办理减刑、假释案件时，应当充分发挥减刑、假释制度的不同价值功能，对既符合法定减刑条件又符合法定假释条件的罪犯，可以建议刑罚执行机关提请人民法院优先适用假释。

2. 对犯罪时未满十八周岁的罪犯适用假释可以依法从宽掌握，综合各种因素判断罪犯是否符合假释条件。人民检察院办理犯罪时未满十八周岁的罪犯假释案件，应当综合罪犯犯罪情节、原判刑罚、服刑表现、身心特点、监管帮教等因素依法从宽掌握。特别是对初犯、偶犯和在校学生等罪犯，假释后其家庭和社区具有帮教能力和条件的，可以建议刑罚执行机关和人民法院依法适用假释。对罪犯"假释后有无再犯罪危险"的审查判断，人民检察院应当根据相关法律和司法解释的规定，结合未成年罪犯犯罪的具体情节、原判刑罚情况，其在刑罚执行中的一贯表现、帮教条件（包括其身体状况、性格特征、被假释后生活来源以及帮教环境等因素）综合考虑。

3. 对犯罪时未满十八周岁的罪犯假释案件，人民检察院可以建议罪犯的父母参加假释庭审。将未成年人罪犯父母到庭制度引入假释案件审理中，有助于更好地调查假释案件相关情况，客观准确地适用法律，保障罪犯的合法权益，督促罪犯假释后社会帮教责任的落实，有利于发挥司法机关、家庭和社会对罪犯改造帮教的合力作用，促进罪犯的权益保护和改造教育，实现办案的政治效果、法律效果和社会效果的有机统一。

4. 人民检察院应当做好罪犯监狱刑罚执行和社区矫正法律监督工作的衔接，继续加强对假释的罪犯社区矫正活动的法律监督。监狱罪犯被裁定假释实行社区矫正后，检察机关应当按照社区矫正的有关规定，监督有关部门做好罪犯的交付、接收等工作，并应当做好对社区矫正机构对罪犯社区矫正活动的监督，督促社区矫正机构对罪犯进行法治、道德等方面的教育，组织其参加公益活动，增强其法治观念，提高其道德素质和社会责任感，帮助其融入社会，预防和减少犯罪。

## 【相关规定】

《中华人民共和国刑法》第八十一条、第八十二条

《中华人民共和国刑事诉讼法》第二百七十三条、第二百七十四条

《中华人民共和国未成年人保护法》第五十条

《中华人民共和国预防未成年人犯罪法》第四十七条

《最高人民法院关于办理减刑、假释案件具体应用法律的规定》第二十六条

# 罪犯王某某暂予监外执行监督案

## （检例第 72 号）

【关键词】暂予监外执行监督　徇私舞弊　不计入执行刑期　贿赂　技术性证据的审查

## 【要　旨】

人民检察院对违法暂予监外执行进行法律监督时，应当注意发现和查办背后的相关司法工作人员职务犯罪。对司法鉴定意见、病情诊断意见的审查，应当注重对其及所依据的原始资料进行重点审查。发现不符合暂予监外执行条件的罪犯通过非法手段暂予监外执行的，应当依法监督纠正。办理暂予监外执行案件时，应当加强对鉴定意见等技术性证据的联合审查。

## 【基本案情】

罪犯王某某，男，1966 年 4 月 3 日出生，个体工商户。2010 年 9 月 16 日，因犯保险诈骗罪被辽宁省营口市站前区人民法院判处有

期徒刑五年，并处罚金人民币十万元。

罪犯王某某审前未被羁押但被判处实刑，交付执行过程中，罪犯王某某及其家属以其身体有病为由申请暂予监外执行，法院随后启动保外就医鉴定工作。2011 年 5 月 17 日，营口市站前区人民法院依据营口市中医院司法鉴定所出具的罪犯疾病伤残司法鉴定书，因罪犯王某某患"2 型糖尿病""脑梗塞"，符合《罪犯保外就医疾病伤残范围》（司发〔1990〕247 号）第十条规定，决定对其暂予监外执行一年。一年期满后，经社区矫正机构提示和检察机关督促，法院再次启动暂予监外执行鉴定工作，委托营口市中医院司法鉴定所进行鉴定。期间，营口市中医院司法鉴定所被上级主管部门依法停业整顿，未能及时出具鉴定意见书。2014 年 7 月 29 日，营口市站前区人民法院依据营口市中医院司法鉴定所出具的罪犯疾病伤残司法鉴定书，以罪犯王某某患有"高血压病 3 期，极高危""糖尿病合并多发性脑梗塞"，符合《罪犯保外就医疾病伤残范围》第三条、第十条规定，决定对其暂予监外执行一年。

2015 年 1 月 16 日，营口市站前区人民法院因罪犯王某某犯保险诈骗犯罪属于"三类罪犯"、所患疾病为"高血压"，依据 2014 年 12 月 1 日起施行的《暂予监外执行规定》，要求该罪犯提供经诊断短期内有生命危险的证明。罪犯王某某因无法提供上述证明被营口市站前区人民法院决定收监执行剩余刑期有期徒刑三年，已经暂予监外执行的两年计入执行刑期。2015 年 9 月 8 日，罪犯王某某被交付执行刑罚。

**【检察机关监督情况】**

线索发现。2016 年 3 月，辽宁省营口市人民检察院在对全市两级法院决定暂予监外执行案件进行检察中发现，营口市站前区人民法院对罪犯王某某决定暂予监外执行所依据的病历资料、司法鉴定书等证据材料有诸多疑点，于是调取了该罪犯的法院暂予监外执行卷宗、社区矫正档案、司法鉴定档案等。经审查发现：罪犯王某某在进行司法鉴定时，负责对其进行查体的医生与本案鉴定人不是同一人，卷宗材料无法证实鉴定人是否见过王某某本人；罪犯王某某2011 年 5 月 17 日、2014 年 7 月 29 日两次得到暂予监外执行均因其患有"脑梗塞"，但两次司法鉴定中均未做过头部 CT 检查。

　　立案侦查。营口市人民检察院经审查认为，罪犯王某某暂予监外执行过程中有可能存在违纪或违法问题，依法决定对该案进行调查核实。检察人员调取了罪犯王某某在营口市中心医院的住院病历等书证与鉴定档案等进行比对，协调监狱对罪犯王某某重新进行头部 CT 检查，对时任营口市中医院司法鉴定所负责人赵某、营口市中级人民法院技术科科长张某及其他相关人员进行询问。经过调查核实，检察机关基本查明了罪犯王某某违法暂予监外执行的事实，认为相关工作人员涉嫌职务犯罪。2016 年 4 月 10 日，营口市人民检察院以营口市中级人民法院技术科科长张某、营口市中医院司法鉴定所负责人赵某涉嫌徇私舞弊暂予监外执行犯罪，依法对其立案侦查。经侦查查明：2010 年 12 月至 2013 年 5 月，张某在任营口市中级人民法院技术科科长期间，受罪犯王某某亲友等人请托，在明知罪犯王某某不符合保外就医条件的情况下，利用其负责鉴定业务对外进行委托的职务便利，两次指使营口市中医院司法鉴定所负责人赵某为罪犯王某某作出虚假的符合保外就医条件的罪犯疾病伤残司法鉴定意见。赵某在明知罪犯王某某不符合保外就医条件的情况下，违规签发了罪犯王某某因患"糖尿病合并脑梗塞"、符合保外就医条件的司法鉴定书，导致罪犯王某某先后两次被法院决定暂予监外执行。期间，张某收受罪犯王某某亲友给付好处费人民币五万元，赵某收受张某给付的好处费人民币七千元。同时，检察机关注意到罪犯王某某的亲友为帮助王某某违法暂予监外执行，向营口市中级人民法院技术科科长张某等人行贿，但综合考虑相关情节和因素后，检察机关当时决定不立案追究其刑事责任。

监督结果。案件侦查终结后，检察机关以张某构成受贿罪、徇私舞弊暂予监外执行罪，赵某构成徇私舞弊暂予监外执行罪，依法向人民法院提起公诉。2017 年 5 月 27 日，人民法院以张某犯受贿罪、徇私舞弊暂予监外执行罪，赵某犯徇私舞弊暂予监外执行罪，对二人定罪处罚。

判决生效后，检察机关依法向营口市站前区人民法院发出《纠正不当暂予监外执行决定意见书》，提出罪犯王某某在不符合保外就医条件的情况下，通过他人贿赂张某、赵某等人谋取了虚假的疾病伤残司法鉴定意见；营口市站前区人民法院依据虚假鉴定意见作出的暂予监外执行决定显属不当，建议法院依法纠正 2011 年 5 月 17 日和 2014 年 7 月 29 日对罪犯王某某作出的两次不当暂予监外执行决定。

营口市站前区人民法院采纳了检察机关的监督意见，作出《收监执行决定书》，认定"罪犯王某某贿赂司法鉴定人员，被二次鉴定为符合暂予监外执行条件，人民法院以此为依据决定对其暂予监外执行合计二年，上述二年暂予监外执行期限不计入已执行刑期。"后罪犯王某某被收监再执行有期徒刑二年。

【指导意义】

1. 人民检察院对暂予监外执行进行法律监督时，应注重发现和查办违法暂予监外执行背后的相关司法工作人员职务犯罪案件。实践中，违法暂予监外执行案件背后往往隐藏着司法腐败。因此，检察机关在监督纠正违法暂予监外执行的同时，应当注意发现和查办违法监外执行背后存在的相关司法工作人员职务犯罪案件，把刑罚变更执行法律监督与职务犯罪侦查工作相结合，以监督促侦查，以侦查促监督，不断提升法律监督质效。在违法暂予监外执行案件中，一些罪犯亲友往往通过贿赂相关司法工作人员等手段，帮助罪犯违法暂予监外执行，这是违法暂予监外执行中较为常见的一种现象，对于情节严重的，应当依法追究其刑事责任。

2. 对司法鉴定意见、病情诊断意见的审查，应当注重对其及所依据的原始资料进行重点审查。检察人员办理暂予监外执行监督案件时，应当在审查鉴定意见、病情诊断的基础上，对鉴定意见、病情诊断所依据的原始资料进行重点审查，包括罪犯以往就医病历资料、病情诊断所依据的体检记录、住院病案、影像学报告、检查报告单等，判明原始资料以及鉴定意见和病情诊断的真伪、资料的证明力、鉴定人员的资质、产生资料的程序等问题，以及是否能够据此得出鉴定意见、病情诊断所阐述的结论性意见，相关鉴定部门及鉴定人的鉴定行为是否合法有效等。经审查发现疑点的应进行调查核实，可以邀请有专门知识的人参加。同时，也可以视情况要求有关部门重新组织或者自行组织诊断、检查或者鉴别。

3. 办理暂予监外执行案件时，应当加强对鉴定意见等技术性证据的联合审查。司法实践中，负责直接办理暂予监外执行监督案件的刑事执行检察人员一般缺乏专业性的医学知识，为确保检察意见的准确性，刑事执行检察人员在办理暂予监外执行监督案件时，应当委托检察技术人员对鉴定意见等技术性证据进行审查，检察技术人员应当协助刑事执行检察人员审查或者组织审查案件中涉及的鉴定意见等技术性证据。刑事执行检察人员可以将技术性证据审查意见作为审查判断证据的参考，也可以作为决定重新鉴定、补充鉴定或提出检察建议的依据。

【相关规定】

《中华人民共和国刑法》第四百零一条

《中华人民共和国刑事诉讼法》第二百六十七条、第二百六十八条

《暂予监外执行规定》第二十九条、第三十条、第三十一条、第三十二条

# 最高人民检察院
# 关于印发最高人民检察院
# 第二十批指导性案例的通知

（2020 年 7 月 16 日公布　　高检发办字〔2020〕44 号）

各级人民检察院：

经 2020 年 7 月 6 日最高人民检察院第十三届检察委员会第四十二次会议决定，现将浙江省某县图书馆及赵某、徐某某单位受贿、私分国有资产、贪污案等四件指导性案例（检例第 73—76 号）作为第二十批指导性案例发布，供参照适用。

最高人民检察院
2020 年 7 月 16 日

# 浙江省某县图书馆及赵某、徐某某单位受贿、私分国有资产、贪污案

## （检例第 73 号）

**【关键词】** 单位犯罪　追加起诉　移送线索

**【要　旨】**

人民检察院在对职务犯罪案件审查起诉时，如果认为相关单位亦涉嫌犯罪，且单位犯罪事实清楚、证据确实充分，经与监察机关沟通，可以依法对犯罪单位提起公诉。检察机关在审查起诉中发现遗漏同案犯或犯罪事实的，应当及时与监察机关沟通，依法处理。

**【基本案情】**

被告单位浙江省某县图书馆，全额拨款的国有事业单位。

被告人赵某，男，某县图书馆原馆长。

被告人徐某某，男，某县图书馆原副馆长。

（一）单位受贿罪

2012 年至 2016 年，为提高福利待遇，经赵某、徐某某等人集体讨论决定，某县图书馆通过在书籍采购过程中账外暗中收受回扣的方式，收受 A 书社梁某某、B 公司、C 图书经营部潘某某所送人民币共计 36 万余元，用于发放工作人员福利及支付本单位其他开支。

（二）私分国有资产罪

2012 年至 2016 年，某县图书馆通过从 A 书社、B 公司、C 图书经营部虚开购书发票、虚列劳务支出、采购价格虚高的借书卡等

手段套取财政资金 63 万余元，经赵某、徐某某等人集体讨论决定，将其中的 56 万余元以单位名义集体私分给本单位工作人员。

（三）贪污罪

2015 年，被告人徐某某利用担任某县图书馆副馆长，分管采购业务的职务之便，通过从 C 图书经营部采购价格虚高的借书卡的方式，套取财政资金 3.8 万元归个人所有。

**【检察工作情况】**

（一）提前介入提出完善证据体系意见，为案件准确定性奠定基础。某县监察委员会以涉嫌贪污罪、受贿罪对赵某立案调查，县人民检察院提前介入后，通过梳理分析相关证据材料，提出完善证据的意见。根据检察机关意见，监察机关进一步收集证据，完善了证据体系。2018 年 9 月 28 日，县监察委员会调查终结，以赵某涉嫌单位受贿罪、私分国有资产罪移送县人民检察院起诉。

（二）对监察机关未移送起诉的某县图书馆，直接以单位受贿罪提起公诉。某县监察委员会对赵某移送起诉后，检察机关审查认为，某县图书馆作为全额拨款的国有事业单位，在经济往来中，账外暗中收受各种名义的回扣，情节严重，根据《刑法》第三百八十七条之规定，应当以单位受贿罪追究其刑事责任，且单位犯罪事实清楚，证据确实充分。经与监察机关充分沟通，2018 年 11 月 12 日，县人民检察院对某县图书馆以单位受贿罪，对赵某以单位受贿罪、私分国有资产罪提起公诉。

（三）审查起诉阶段及时移送徐某某涉嫌贪污犯罪问题线索，依法追诉漏犯漏罪。检察机关对赵某案审查起诉时，认为徐某某作为参与集体研究并具体负责采购业务的副馆长，属于其他直接责任人员，也应以单位受贿罪、私分国有资产罪追究其刑事责任。同时在审查供书商账目时发现，其共有两次帮助某县图书馆以虚增借书卡制作价格方式套取财政资金，但赵某供述只套取一次财政资金用于私分，检察人员分析另一次套取的 3.8 万元财政资金很有可能被经手该笔资金的徐某某贪污，检察机关遂将徐某某涉嫌贪污犯罪线索移交监察机关。监察机关立案调查后，通过进一步补充证据，查明了徐某某参与单位受贿、私分国有资产以及个人贪污的犯罪事实。2018 年 11 月 16 日，县监察委员会调查终结，以徐某某涉嫌单位受贿罪、私分国有资产罪、贪污罪移送县人民检察院起诉。2018 年 12 月 27 日，县人民检察院对徐某某以单位受贿罪、私分国有资产罪、贪污罪提起公诉。

2018 年 12 月 20 日，某县人民法院以单位受贿罪判处某县图书馆罚金人民币二十万元；以单位受贿罪、私分国有资产罪判处赵某有期徒刑一年二个月，并处罚金人民币十万元。2019 年 1 月 10 日，某县人民法院以单位受贿罪、私分国有资产罪、贪污罪判处徐某某有期徒刑一年，并处罚金人民币二十万元。

**【指导意义】**

（一）检察机关对单位犯罪可依法直接追加起诉。人民检察院审查监察机关移送起诉的案件，应当查明有无遗漏罪行和其他应当追究刑事责任的人。对于单位犯罪案件，监察机关只对直接负责的主管人员和其他直接责任人员移送起诉，未移送起诉涉嫌犯罪单位的，如果犯罪事实清楚，证据确实充分，经与监察机关沟通，检察机关对犯罪单位可以依法直接提起公诉。

（二）检察机关在审查起诉中发现遗漏同案犯或犯罪事实的，应当及时与监察机关沟通，依法处理。检察机关在审查起诉中，如果发现监察机关移送起诉的案件遗漏同案职务犯罪人或犯罪事实的，应当及时与监察机关沟通，依法处理。如果监察机关在本案审查起诉期限内调查终结移送起诉，且犯罪事实清楚，证据确实充分的，可以并案起诉；如果监察机关不能在本案审查起诉期限内调查终结移送起诉，或者虽然移送起诉，但因案情重大复杂等原因不能及时审结的，也可分案起诉。

**【相关规定】**

《中华人民共和国刑法》第三十条，第三十一条，第三百八十二条第一款，第三百八十三条第一款第一项、第三款，第三百八十七条，第三百九十六条第一款

《中华人民共和国刑事诉讼法》第一百七十六条

《中华人民共和国监察法》第三十四条

# 李华波贪污案

## （检例第74号）

**【关键词】** 违法所得没收程序　犯罪嫌疑人到案　程序衔接

**【要　旨】**

对于贪污贿赂等重大职务犯罪案件，犯罪嫌疑人、被告人逃匿，在通缉一年后不能到案，如果有证据证明有犯罪事实，依照刑法规定应当追缴其违法所得及其他涉案财产的，应当依法适用违法所得没收程序办理。违法所得没收裁定生效后，在逃的职务犯罪嫌疑人自动投案或者被抓获，监察机关调查终结移送起诉的，检察机关应当依照普通刑事诉讼程序办理，并与原没收裁定程序做好衔接。

**【基本案情】**

被告人李华波，男，江西省上饶市鄱阳县财政局经济建设股原股长。

2006年10月至2010年12月间，李华波利用担任鄱阳县财政

局经济建设股股长管理该县基本建设专项资金的职务便利，伙同该股副股长张庆华（已判刑）、鄱阳县农村信用联社城区信用社主任徐德堂（已判刑）等人，采取套用以往审批手续、私自开具转账支票并加盖假印鉴、制作假银行对账单等手段，骗取鄱阳县财政局基建专项资金共计人民币 9400 万元。除李华波与徐德堂赌博挥霍及同案犯分得部分赃款外，其余赃款被李华波占有。李华波用上述赃款中的人民币 240 余万元为其本人及家人办理了移民新加坡的手续及在新加坡购置房产；将上述赃款中的人民币 2700 余万元通过新加坡中央人民币汇款服务私人有限公司兑换成新加坡元，转入本人及妻子在新加坡大华银行的个人账户内。后李华波夫妇使用转入个人账户内的新加坡元用于购买房产及投资，除用于项目投资的 150 万新加坡元外，其余均被新加坡警方查封扣押，合计 540 余万新加坡元（折合人民币约 2600 余万元）。

**【检察工作情况】**

（一）国际合作追逃，异地刑事追诉。2011 年 1 月 29 日，李华波逃往新加坡。2011 年 2 月 13 日，鄱阳县人民检察院以涉嫌贪污罪对李华波立案侦查，同月 16 日，上饶市人民检察院以涉嫌贪污罪对李华波决定逮捕。中新两国未签订双边引渡和刑事司法协助条约，经有关部门充分沟通协商，决定依据两国共同批准加入的《联合国反腐败公约》和司法协助互惠原则，务实开展该案的国际司法合作。为有效开展工作，中央追逃办先后多次组织召开案件协调会，由监察、检察、外交、公安、审判和司法行政以及地方执法部门组成联合工作组先后 8 次赴新加坡开展工作。因中新两国最高检察机关均被本国指定为实施《联合国反腐败公约》司法协助的中央机关，其中 6 次由最高人民检察院牵头组团与新方进行工作磋商，拟定李华波案国际司法合作方案，相互配合，分步骤组织实施。

2011 年 2 月 23 日，公安部向国际刑警组织请求对李华波发布红色通报，并向新加坡国际刑警发出协查函。2011年3月初，新加坡警方拘捕李华波。随后新加坡法院发出冻结令，冻结李华波夫妇转移到新加坡的涉案财产。2012年9月，新加坡总检察署以三项"不诚实盗取赃物罪"指控李华波。2013年8月15日，新加坡法院一审判决认定对李华波的所有指控罪名成立，判处其15个月监禁。

（二）适用特别程序，没收违法所得。李华波贪污公款9400万元人民币的犯罪事实，有相关书证、证人证言及同案犯供述等予以证明。根据帮助李华波办理转账、移民事宜的相关证人证言、银行转账凭证复印件、新加坡警方提供的《事实概述》、新加坡法院签发的扣押财产报告等证据，能够证明被新加坡警方查封、扣押、冻结的李华波夫妇名下财产，属于李华波贪污犯罪违法所得。

李华波在红色通报发布一年后不能到案，2013年3月6日，上饶市人民检察院向上饶市中级人民法院提出没收李华波违法所得申请。2015年3月3日，上饶市中级人民法院作出一审裁定，认定李华波涉嫌重大贪污犯罪，其逃匿新加坡后被通缉，一年后未能到案。现有证据能够证明，被新加坡警方扣押的李华波夫妇名下财产共计540余万新加坡元，均系李华波的违法所得，依法予以没收。相关人员均未在法定期限内提出上诉，没收裁定生效。2016年6月29日，新加坡高等法院作出判决，将扣押的李华波夫妇名下共计540余万新加坡元涉案财产全部返还中方。

（三）迫使回国投案，依法接受审判。为迫使李华波回国投案，中方依法吊销李华波全家四人中国护照并通知新方。2015年1月，新加坡移民局作出取消李华波全家四人新加坡永久居留权的决定。2015年2月2日，李华波主动写信要求回国投案自首。2015年5月9日，李华波被遣返回国，同日被执行逮捕。2015年12月30日，上饶市人民检察院以李华波犯贪污罪，向上饶市中级人民法院提起公诉。2017年1月23日，上饶市中级人民法院以贪污罪判处李华波无期徒刑，剥夺政治权利终身，并处没收个人全部财产。扣除同案犯徐德堂等人已被追缴的赃款以及依照违法所得没收程序裁定没收的赃款，剩余赃款继续予以追缴。

【指导意义】

（一）对于犯罪嫌疑人、被告人逃匿的贪污贿赂等重大职务犯罪案件，符合法定条件的，人民检察院应当依法适用违法所得没收程序办理。对于贪污贿赂等重大职务犯罪案件，犯罪嫌疑人、被告人逃匿，在通缉一年后不能到案，如果有证据证明有犯罪事实，依照刑法规定应当追缴其违法所得及其他涉案财产的，人民检察院应当依法向人民法院提出没收违法所得的申请，促进追赃追逃工作开展。

（二）违法所得没收裁定生效后，犯罪嫌疑人、被告人到案的，人民检察院应当依照普通刑事诉讼程序审查起诉。人民检察院依照特别程序提出没收违法所得申请，人民法院作出没收裁定生效后，犯罪嫌疑人、被告人自动投案或者被抓获的，检察机关应当依照普通刑事诉讼程序进行审查。人民检察院审查后，认为犯罪事实清楚，证据确实充分的，应当向原作出裁定的人民法院提起公诉。

（三）在依照普通刑事诉讼程序办理案件过程中，要与原违法所得没收程序做好衔接。对扣除已裁定没收财产后需要继续追缴违法所得的，检察机关应当依法审查提出意见，由人民法院判决后追缴。

【相关规定】

《中华人民共和国刑法》第五十七条第一款、第五十九条、第六十四条、第六十七条第一款、第三百八十二条第一款、第三百八十三条第一款第三项

《中华人民共和国刑事诉讼法》（2012 年 3 月 14 日修正）第十七条、第二百八十条、第二百八十一条、第二百八十二条、第二百

八十三条

《中华人民共和国监察法》第四十八条

《最高人民法院、最高人民检察院关于办理贪污贿赂刑事案件适用法律若干问题的解释》第三条第一款、第十九条第一款

《最高人民法院、最高人民检察院关于适用犯罪嫌疑人、被告人逃匿、死亡案件违法所得没收程序若干问题的规定》

# 金某某受贿案

## （检例第 75 号）

【关键词】　职务犯罪　认罪认罚　确定刑量刑建议

【要　旨】

对于犯罪嫌疑人自愿认罪认罚的职务犯罪案件，应当依法适用认罪认罚从宽制度办理。在适用认罪认罚从宽制度办理职务犯罪案件过程中，检察机关应切实履行主导责任，与监察机关、审判机关互相配合，互相制约，充分保障犯罪嫌疑人、被告人的程序选择权。要坚持罪刑法定和罪责刑相适应原则，对符合有关规定条件的，一般应当就主刑、附加刑、是否适用缓刑等提出确定刑量刑建议。

【基本案情】

被告人金某某，女，安徽省某医院原党委书记、院长。

2007 年至 2018 年，被告人金某某在担任安徽省某医院党委书记、院长期间，利用职务上的便利，为请托人在承建工程项目、销售医疗设备、销售药品、支付货款、结算工程款、职务晋升等事项

上提供帮助，非法收受他人财物共计人民币 1161.1 万元、4000 欧元。

**【检察工作情况】**

（一）提前介入全面掌握案情，充分了解被调查人的认罪悔罪情况。安徽省检察机关在提前介入金某某案件过程中，通过对安徽省监察委员会调查的证据材料进行初步审查，认为金某某涉嫌受贿犯罪的基本事实清楚，基本证据确实充分。同时注意到，金某某到案后，不但如实交代了监察机关已经掌握的受贿 170 余万元的犯罪事实，还主动交代了监察机关尚未掌握的受贿 980 余万元的犯罪事实，真诚认罪悔罪，表示愿意接受处罚，并已积极退缴全部赃款。初步判定本案具备适用认罪认罚从宽制度条件。

（二）检察长直接承办，积极推动认罪认罚从宽制度适用。安徽省监察委员会调查终结后，于 2019 年 1 月 16 日以金某某涉嫌受贿罪移送安徽省人民检察院起诉，安徽省人民检察院于同月 29 日将案件交由淮北市人民检察院审查起诉，淮北市人民检察院检察长作为承办人办案。经全面审查认定，金某某受贿案数额特别巨大，在安徽省医疗卫生系统有重大影响，但其自愿如实供述自己的罪行，真诚悔罪，愿意接受处罚，全部退赃，符合刑事诉讼法规定的认罪认罚从宽制度适用条件，检察机关经慎重研究，依法决定适用认罪认罚从宽制度办理。

（三）严格依法确保认罪认罚的真实性、自愿性、合法性。一是及时告知权利。案件移送起诉后，淮北市人民检察院在第一次讯问时，告知金某某享有的诉讼权利和认罪认罚相关法律规定，加强释法说理，充分保障其程序选择权和认罪认罚的真实性、自愿性。二是充分听取意见。切实保障金某某辩护律师的阅卷权、会见权，就金某某涉嫌的犯罪事实、罪名及适用的法律规定，从轻处罚建议，认罪认罚后案件审理适用的程序等，充分听取金某某及其辩护律师的意见，记录在案并附卷。三是提出确定刑量刑建议。金某某虽然犯罪持续时间长、犯罪数额特别巨大，但其自监委调查阶段即自愿如实供述自己的罪行，尤其是主动交代了监察机关尚未掌握的大部分犯罪事实，具有法定从轻处罚的坦白情节；且真诚悔罪，认罪彻底稳定，全部退赃，自愿表示认罪认罚，应当在法定刑幅度内相应从宽，检察机关综合上述情况，提出确定刑量刑建议。四是签署具结书。金某某及其辩护律师同意检察机关量刑建议，并同意适用普通程序简化审理，在辩护律师见证下，金某某自愿签署了《认罪认罚具结书》。

2019 年 3 月 13 日，淮北市人民检察院以被告人金某某犯受贿罪，向淮北市中级人民法院提起公诉，建议判处金某某有期徒刑十年，并处罚金人民币五十万元，并建议适用普通程序简化审理。2019 年 4 月 10 日，淮北市中级人民法院公开开庭，适用普通程序简化审理本案。经过庭审，认定起诉书指控被告人金某某犯受贿罪事实清楚、证据确实充分，采纳淮北市人民检察院提出的量刑建议并当庭宣判，金某某当庭表示服判不上诉。

【指导意义】

（一）对于犯罪嫌疑人自愿认罪认罚的职务犯罪案件，检察机关应当依法适用认罪认罚从宽制度办理。依据刑事诉讼法第十五条规定，认罪认罚从宽制度贯穿刑事诉讼全过程，没有适用罪名和可能判处刑罚的限定，所有刑事案件都可以适用。职务犯罪案件适用认罪认罚从宽制度，符合宽严相济刑事政策，有利于最大限度实现办理职务犯罪案件效果，有利于推进反腐败工作。职务犯罪案件的犯罪嫌疑人自愿如实供述自己的罪行，真诚悔罪，愿意接受处罚，检察机关应当依法适用认罪认罚从宽制度办理。

（二）适用认罪认罚从宽制度办理职务犯罪案件，检察机关应切实履行主导责任。检察机关通过提前介入监察机关办理职务犯罪案件工作，即可根据案件事实、证据、性质、情节、被调查人态度等基本情况，初步判定能否适用认罪认罚从宽制度。案件移送起诉后，人民检察院应当及时告知犯罪嫌疑人享有的诉讼权利和认罪认罚从宽制度相关法律规定，保障犯罪嫌疑人的程序选择权。犯罪嫌疑人自愿认罪认罚的，人民检察院应当就涉嫌的犯罪事实、罪名及适用的法律规定，从轻、减轻或者免除处罚等从宽处罚的建议，认罪认罚后案件审理适用的程序及其他需要听取意见的情形，听取犯罪嫌疑人、辩护人或者值班律师的意见并记录在案，同时加强与监察机关、审判机关的沟通，听取意见。

（三）依法提出量刑建议，提升职务犯罪案件适用认罪认罚从宽制度效果。检察机关办理认罪认罚职务犯罪案件，应当根据犯罪的事实、性质、情节和对社会的危害程度，结合法定、酌定的量刑情节，综合考虑认罪认罚的具体情况，依法决定是否从宽、如何从宽。对符合有关规定条件的，一般应当就主刑、附加刑、是否适用缓刑等提出确定刑量刑建议。对于减轻、免除处罚，应当于法有据；不具备减轻处罚情节的，应当在法定幅度以内提出从轻处罚的量刑建议。

【相关规定】

《中华人民共和国刑法》第六十七条第三款，第三百八十三条第一款第三项、第二款、第三款，第三百八十五条第一款，第三百八十六条

《中华人民共和国刑事诉讼法》第十五条、第一百七十三条、第一百七十四条第一款、第一百七十六条、第二百零一条

《最高人民法院、最高人民检察院关于办理职务犯罪案件认定自首、立功等量刑情节若干问题的意见》第三部分

# 张某受贿，郭某行贿、职务侵占、诈骗案

## （检例第 76 号）

**【关键词】** 受贿罪　改变提前介入意见　案件管辖　追诉漏罪

**【要　旨】**

检察机关提前介入应认真审查案件事实和证据，准确把握案件定性，依法提出提前介入意见。检察机关在审查起诉阶段仍应严格审查，提出审查起诉意见。审查起诉意见改变提前介入意见的，应及时与监察机关沟通。对于在审查起诉阶段发现漏罪，如该罪属于公安机关管辖，但犯罪事实清楚，证据确实充分，符合起诉条件的，检察机关在征得相关机关同意后，可以直接追加起诉。

**【基本案情】**

被告人张某，男，北京市东城区某街道办事处环卫所原副所长。

被告人郭某，女，北京某物业公司原客服部经理。

2014 年 11 月，甲小区和乙小区被北京市东城区某街道办事处确定为环卫项目示范推广单位。按照规定，两小区应选聘 19 名指导员从事宣传、指导、监督、服务等工作，政府部门按每名指导员每月 600 元标准予以补贴。上述两小区由北京某物业公司负责物业管理，两小区 19 名指导员补贴款由该物业公司负责领取发放。2014 年 11 月至 2017 年 3 月，郭某在担任该物业公司客服部经理期间，将代表物业公司领取的指导员补贴款共计人民币 33.06 万元据为己有。郭某从物业公司离职后，仍以物业公司客服部经理名义，

于 2017 年 6 月、9 月，冒领指导员补贴款共计人民币 6.84 万元据为己有。2014 年 11 月至 2017 年 9 月期间，张某接受郭某请托，利用担任某街道办事处环卫所职员、副所长的职务便利，不严格监督检查上述补贴款发放，非法收受郭某给予的人民币 8.85 万元。2018 年 1 月，张某担心事情败露，与郭某共同筹集人民币 35 万元退还给物业公司。2018 年 2 月 28 日，张某、郭某自行到北京市东城区监察委员会接受调查，并如实供述全部犯罪事实。

**【检察工作情况】**

（一）提前介入准确分析案件定性，就法律适用及证据完善提出意见。调查阶段，东城区监委对张某、郭某构成贪污罪共犯还是行受贿犯罪存在意见分歧，书面商请东城区人民检察院提前介入。主张认定二人构成贪污罪共犯的主要理由：一是犯罪对象上，郭某侵占并送给张某的资金性质为国家财政拨款，系公款；二是主观认识上，二人对截留的补贴款系公款的性质明知，并对截留补贴款达成一定共识；三是客观行为上，二人系共同截留补贴款进行分配。

检察机关分析在案证据后认为，应认定二人构成行受贿犯罪，主要理由：一是主观上没有共同贪污故意。二人从未就补贴款的处理使用有过明确沟通，郭某给张某送钱，就是为了让张某放松监管，张某怠于履行监管职责，就是因为收受了郭某所送贿赂，而非自己要占有补贴款。二是客观上没有共同贪污行为。张某收受郭某给予的钱款后怠于履行监管职责，正是利用职务之便为郭某谋取利益的行为，但对于郭某侵占补贴款，在案证据不能证实张某主观上有明确认识，郭某也从未想过与张某共同瓜分补贴款。三是款项性质对受贿罪认定没有影响。由于二人缺乏共同贪占补贴款的故意和行为，不应构成贪污罪共犯，而应分别构成行贿罪和受贿罪，并应针对主客观方面再补强相关证据。检察机关将法律适用和补充完善证据的意见书面反馈给东城区监委。东城区监委采纳了检察机关的提前介入意见，补充证据后，以张某涉嫌受贿罪、郭某涉嫌行贿罪，于 2018 年 11 月 12 日将两案移送起诉。

（二）审查起诉阶段不囿于提前介入意见，依法全面审查证据，及时发现漏罪。案件移送起诉后，检察机关全面严格审查在案证据，认为郭某领取和侵吞补贴款的行为分为两个阶段：第一阶段，郭某作为上述物业公司客服部经理，利用领取补贴款的职务便利，领取并将补贴款非法占为己有，其行为构成职务侵占罪；第二阶段，郭某从物业公司客服部经理岗位离职后，仍冒用客服部经理的身份领取补贴款并非法占为己有，其行为构成诈骗罪。

（三）提起公诉直接追加指控罪名，法院判决予以确认。检察机关在对郭某行贿案审查起诉时发现，郭某侵吞补贴款的行为构成职务侵占罪和诈骗罪，且犯罪事实清楚，证据确实充分，已符合起诉条件。经与相关机关沟通后，检察机关在起诉时追加认定郭某构成职务侵占罪、诈骗罪。

2018 年 12 月 28 日，北京市东城区人民检察院对张某以受贿罪提起公诉；对郭某以行贿罪、职务侵占罪、诈骗罪提起公诉。2019 年 1 月 17 日，北京市东城区人民法院作出一审判决，以受贿罪判处张某有期徒刑八个月，缓刑一年，并处罚金人民币十万元；以行贿罪、职务侵占罪、诈骗罪判处郭某有期徒刑二年，缓刑三年，并处罚金人民币十万一千元。

【指导意义】

（一）检察机关依法全面审查监察机关移送起诉案件，审查起诉意见与提前介入意见不一致的，应当及时与监察机关沟通。检察机关提前介入监察机关办理的职务犯罪案件时，已对证据收集、事实认定、案件定性、法律适用等提出意见。案件进入审查起诉阶段后，检察机关仍应依法全面审查，可以改变提前介入意见。审查起诉意见改变提前介入意见的，检察机关应当及时与监察机关沟通。

（二）对于监察机关在调查其管辖犯罪时已经查明，但属于公安机关管辖的犯罪，检察机关可以依法追加起诉。对于监察机关移送起诉的案件，检察机关在审查起诉阶段发现漏罪，如该罪属于公安机关管辖，但犯罪事实清楚，证据确实充分，符合起诉条件的，经征求监察机关、公安机关意见后，没有不同意见的，可以直接追加起诉；提出不同意见，或者事实不清、证据不足的，应当将案件退回监察机关并说明理由，建议其移送有管辖权的机关办理，必要时可以自行补充侦查。

（三）根据主客观相统一原则，准确区分受贿罪和贪污罪。对于国家工作人员收受贿赂后故意不履行监管职责，使非国家工作人员非法占有财物的，如该财物又涉及公款，应根据主客观相统一原则，准确认定案件性质。一要看主观上是否对侵吞公款进行过共谋，二要看客观上是否共同实施侵吞公款行为。如果具有共同侵占公款故意，且共同实施了侵占公款行为，应认定为贪污罪共犯；如果国家工作人员主观上没有侵占公款故意，只是收受贿赂后放弃职守，客观上使非国家工作人员任意处理其经手的钱款成为可能，应认定为为他人谋取利益，国家工作人员构成受贿罪，非国家工作人员构成行贿罪。如果国家工作人员行为同时构成玩忽职守罪的，以受贿罪和玩忽职守罪数罪并罚。

【相关规定】

《中华人民共和国刑法》第六十七条第一款、第二百六十六条、第二百七十一条第一款、第三百八十三条第一款第一项、第三百八十五条第一款、第三百八十六条、第三百八十九条第一款、第三百九十条

《最高人民法院、最高人民检察院关于办理贪污贿赂刑事案件适用法律若干问题的解释》第一条第一款、第七条第一款、第十一

条第一款、第十九条

《最高人民法院、最高人民检察院关于办理诈骗刑事案件具体应用法律若干问题的解释》第一条、第三条

# 最高人民检察院
## 关于印发最高人民检察院
## 第二十一批指导性案例的通知

（2020 年 7 月 30 日公布　　高检发办字〔2020〕48 号）

各级人民检察院：

经 2020 年 7 月 24 日最高人民检察院第十三届检察委员会第四十五次会议决定，现将深圳市丙投资企业（有限合伙）被诉股东损害赔偿责任纠纷抗诉案等四件指导性案例（检例第 77—80 号）作为第二十一批指导性案例发布，供参照适用。

最高人民检察院

2020 年 7 月 30 日

# 深圳市丙投资企业（有限合伙）被诉
# 股东损害赔偿责任纠纷抗诉案

## （检例第 77 号）

**【关键词】** 企业资产重整　保护股东个人合法财产　优化营商环境　抗诉监督

**【要　旨】**

公司股东应以出资额为限，对公司承担有限责任。股东未滥用公司法人独立地位逃避债务并严重损害公司债权人利益的，不应对公司债务承担连带责任。检察机关应严格适用股东有限责任等产权制度，依法保护投资者的个人财产安全，让有恒产者有恒心。

**【基本案情】**

2007 年 11 月，惠州甲房产开发有限公司（以下简称甲公司）登记设立，为开发广东省惠州市某房产的房地产项目公司。甲公司多次对外借款。2010 年 1 月，因甲公司无力清偿债务，广东省惠州市中级人民法院受理债权人对甲公司提出的破产申请。在惠州乙发展有限公司（以下简称乙公司）提供 5000 万元破产重整保证金后，相关债权人于 2011 年 5 月撤回破产清算申请。2011 年 8 月，深圳市丙投资企业（有限合伙）（以下简称丙企业）与甲公司、惠州市丁房产开发有限公司（以下简称丁公司）、陈某军、乙公司签订《投资合作协议》及补充协议，约定丙企业以 2000 万元受让丁公司持有的甲公司 100% 股权，并向甲公司提供 1.48 亿元委托贷款，甲公司以案涉国有土地使用权等为丙企业的债权投资提供担保，丁公司、陈某军、乙公司亦提供连带责任担保。

2011 年 8 月 9 日，甲公司的股东变更为丙企业和陈某某，其中丙企业占股东出资额的 99.9%。2011 年 8 月 10 日，丙企业委托中国建设银行股份有限公司某分行将其 1.48 亿元款项借给甲公司，用于甲公司某项目运作和甲公司运营，甲公司和丁公司依约提供抵押担保。同日，1.48 亿元委托贷款和 2000 万元股权转让款转入甲公司。款项到位后，2011 年 8 月至 2012 年 4 月期间，为完成破产重整程序中债务清偿及期间发生的借款、担保等相关衍生事宜，甲公司依照合同约定及乙公司、债权人陈某忠等人指令，先后向丁公司、深圳市戊公司、深圳市己公司等多家公司转账，款项共计 1.605 亿元。

2012 年 11 月 1 日，诸某某将其持有的对甲公司债权中的 800 万元转让给赵某新，并通知债务人。2012 年 11 月 5 日，赵某新向浙江省兰溪市人民法院起诉，要求甲公司归还欠款 800 万元，丙企业承担连带责任。

兰溪市人民法院一审认为，丙企业是甲公司的绝对控股股东，其滥用公司法人独立地位和股东有限责任，对甲公司进行不正当支配和控制，且未将贷款用于房地产开发，其转移资产、逃避债务的行为严重损害公司债权人利益，应当对甲公司的债务承担连带责任，遂判决甲公司归还赵某新 800 万元借款，丙企业承担连带责任。丙企业不服，上诉至浙江省金华市中级人民法院。二审判决驳回上诉，维持原判。丙企业申请再审，浙江省高级人民法院裁定驳回其再审申请。

**【检察机关监督情况】**

受理及审查情况。丙企业主张，甲公司对外转款均有特定用途，并非转移资产，丙企业并不存在滥用公司法人独立地位和股东有限责任的行为，不应承担连带责任，遂于 2016 年 2 月向浙江省金华市人民检察院申请监督。该院予以受理审查。

围绕丙企业是否存在滥用公司法人独立地位和股东有限责任逃

避公司债务的问题，检察机关依法调阅原审案卷；核实相关工商登记信息；并对本案关键证人进行询问；相关证据可以证实甲公司于2011年8月至2012年4月期间的对外转款均具有正当事由，而非恶意转移资产，逃避债务。

监督意见。金华市人民检察院就本案向浙江省人民检察院提请抗诉。浙江省人民检察院经审查认为，丙企业并未支配控制甲公司的资金支出，在丙企业受让股权后，甲公司仍然由原股东丁公司派人进行管理，公司管理人员未发生变化；甲公司向丁公司等公司多次转款均具有明确用途，而非恶意转移资产；丙企业与甲公司、丁公司等企业之间不存在人员、业务、财务的交叉或混同。因此，终审判决认定丙企业利用法人独立地位和股东有限责任逃避债务，属于认定事实和适用法律错误。2016年11月25日，浙江省人民检察院依法向浙江省高级人民法院提出抗诉。

监督结果。2018年1月31日，浙江省高级人民法院作出（2017）浙民再116号民事判决，认定案涉委托贷款以及股权转让款的对外支付有合理解释，现有证据不足以证明丙企业有滥用公司法人独立地位和股东有限责任逃避债务的行为，判决撤销一、二审判决有关丙企业对案涉债务承担连带责任的判项，驳回赵某新对丙企业提出的诉讼请求。

**【指导意义】**

1. 严格适用公司有限责任制度，依法保护股东的个人财产安全。公司人格独立和股东有限责任是公司法的基本原则。否认公司独立人格，由滥用公司法人独立地位和股东有限责任的股东对公司债务承担连带责任，是股东有限责任的例外。在具体案件中应依据特定的法律事实和法律关系，综合判断和审慎适用，依法区分股东与公司的各自财产与债务，维护市场主体的独立性和正常的经济秩序。

2. 检察机关在审查股东损害公司债权人利益的案件时，应当严格区分企业正当融资担保与恶意转移公司资产逃避债务损害公司债权人利益违法行为的界限。如果公司股东没有利用经营权恶意转移公司资产谋一己之私，没有损害公司债权人利益的，依法不应当对公司债务承担连带赔偿责任。

3. 检察机关应积极发挥监督职责，推动法治化营商环境建设。公司有限责任是具有标志性的现代企业法律制度，旨在科学化解市场风险，鼓励投资创造财富。产权是市场经济的基础、社会文明的基石和社会向前发展的动力，投资者无法回避市场风险，但需要筑牢企业家个人和家庭与企业之间的财产风险"防火墙"，对于依法出资和合法经营的，即使企业关闭停产，也能守住股东个人和家庭的合法财产底线，真正让有恒产者有恒心，优化营商环境，保护企业家的投资创业热情，为完善市场秩序提供法治保障。

【相关规定】

《中华人民共和国公司法》第二十条

《中华人民共和国民事诉讼法》第二百条、第二百零八条

# 某牧业公司被错列失信被执行人名单执行监督案

## （检例第78号）

【关键词】企业借贷纠纷　失信被执行人　妨碍企业正常经营　执行违法监督

【要　旨】

查封、扣押、冻结的财产足以清偿生效法律文书确定债务的，

执行法院不应将被执行人纳入失信被执行人名单。执行法院违法将被执行人纳入失信被执行人名单的，检察机关应当及时发出检察建议，监督法院纠正对被执行人违法采取的信用惩戒措施，以维护企业的正常经营秩序，优化营商环境。

**【基本案情】**

张某奎系山西省临汾市某牧业有限公司（以下简称某牧业公司）法定代表人。乔某与某牧业公司、张某奎因民间借贷产生纠纷。2016年9月16日，山西省临汾市尧都区人民法院判决张某奎、某牧业公司归还乔某借款本金18万元及利息6.14万元，自2016年2月1日起至判决生效之日止，按约定月息2分的利率承担该借款利息。

判决生效后，乔某向尧都区人民法院申请强制执行。尧都区人民法院作出执行裁定，冻结被执行人张某奎、某牧业公司银行存款281280元，查封张某奎名下房产一套，同时还决定将某牧业公司、张某奎纳入失信被执行人名单。该查封裁定作出后，执行法院未送达当事人。

**【检察机关监督情况】**

受理情况。山西省临汾市尧都区人民检察院发现乔某与某牧业公司、张某奎民间借贷纠纷一案执行行为违法，并予以立案审查。

审查核实。经审查执行案卷，检察机关发现：一是被执行人被法院冻结、查封的财产足以清偿生效法律文书确定的债务，不符合纳入失信被执行人名单的法定情形；二是法院作出的查封裁定书未向当事人送达。同时，检察机关了解到，某牧业公司被纳入失信被执行人名单后，银行贷款被暂停发放，经营陷入困境。

监督意见。尧都区人民检察院经审查认为，执行法院存在以下违法情形：一是将张某奎纳入失信被执行人名单属于适用法律错误。《最高人民法院关于公布失信被执行人名单信息的若干规定》

第三条规定："被采取查封、扣押、冻结等措施的财产足以清偿生效法律文书确定债务的，人民法院不得将被执行人纳入失信被执行人名单。"本案执行程序中，被执行人张某奎、某牧业公司被冻结的存款和被查封的房产足以清偿生效裁判确定的债务。因此，执行法院将其纳入失信被执行人名单，显属违法。二是未向当事人送达执行裁定书。《最高人民法院关于人民法院民事执行中查封、扣押、冻结财产的规定》第一条规定："人民法院查封、扣押、冻结被执行人的动产、不动产及其他财产权，应当作出裁定，并送达被执行人和申请执行人。查封、扣押、冻结裁定书送达时发生法律效力。"本案中法院制作执行裁定书后，长期未向当事人送达，违反了上述规定。

监督结果。2017年11月28日，尧都区人民检察院向尧都区人民法院提出检察建议，建议该院依法纠正违法执行行为。尧都区人民法院采纳了检察建议，于2017年12月8日将执行裁定书送达当事人，并撤销了将张某奎、某牧业公司纳入失信被执行人名单的决定。

**【指导意义】**

1. 规范适用失信被执行人名单制度，对于保证执行程序的公正性具有重要意义。失信被执行人名单制度以信用惩戒的方式约束被执行人，提高了执行活动的质量和效率，对于破解"执行难"起到了重要作用。在维护申请执行人利益的同时，执行的谦抑原则要求尽可能避免对被执行人合法权益造成损害。

2. 检察机关应积极履行监督职能，确保失信被执行人名单制度规范运行。失信被执行人名单制度的规范运行，对于建立诚实守信、依法履约的良好社会风气意义重大。但该项制度应当依法运用，否则将降低被执行人的社会信誉度，给其社会生活、商业经营等带来不便。执行法院查封、冻结的财产足以清偿债务的，将企业或其法定代表人纳入失信被执行人名单是不妥当的，检察机关应对违法执行行为予以监督，切实维护企业或个人合法权益。

3. 检察机关应加强对执行法律文书送达的监督，保障当事人的知情权和申辩权。执行法院在作出查封、扣押、冻结被执行人财产的裁定后，应当依法送达申请执行人和被执行人。执行法院未送达当事人，既损害了当事人的诉讼权利，亦损害了司法权威。检察机关在履行监督职责时应注意审查相关诉讼文书送达的合法性，对执行法院送达违法的行为及时提出检察建议，监督执行法院予以纠正，保障当事人行使诉讼权利。

【相关规定】

《人民检察院民事诉讼监督规则（试行）》第一百零二条

《最高人民法院关于人民法院民事执行中查封、扣押、冻结财产的规定》第一条

《最高人民法院关于公布失信被执行人名单信息的若干规定》第三条

# 南漳县丙房地产开发有限责任公司
# 被明显超标的额查封执行监督案

## （检例第 79 号）

【关键词】 诉讼保全　超标的额查封　依法保护企业资产安全　审判程序违法监督

【要　旨】

查封、扣押、冻结被执行人财产应与生效法律文书确定的被执行人的债务相当，不得明显超出被执行人应当履行义务的范围。检

察机关对于明显超标的额查封的违法行为，应提出检察建议，督促执行法院予以纠正，以保护民营企业产权，优化营商环境。

**【基本案情】**

2015年5月26日，襄阳市甲小额贷款股份有限责任公司（以下简称甲小贷公司）、襄阳市乙工程总公司（以下简称乙公司）向湖北省襄阳市樊城区人民法院提起民事诉讼，请求判令南漳县丙房地产开发有限责任公司（以下简称丙公司）、南漳县丁建筑安装工程有限责任公司（以下简称丁公司）、洪某生偿还借款5589万元及利息，并申请对价值6671万元的房产进行保全。同日，樊城区人民法院立案受理并作出财产保全裁定，查封丙公司、丁公司及洪某生的房产共计210套。丙公司认为查封明显超出标的额，于2015年6月提出异议，但樊城区人民法院未书面回复。

2015年7月至2016年10月期间，樊城区人民法院对当事人双方的多起借款纠纷作出民事判决，判令丙公司、丁公司、洪某生偿还乙公司、甲小贷公司借款合计5536.2万元及利息约438万元。在本案执行阶段，丙公司向执行法院提出房产评估申请，经执行法院同意，由丙公司委托鉴定机构进行评估，评估结果为查封的房产市场价值为1.21亿元。丙公司提出执行异议，但樊城区人民法院审查后认定，丙公司提出的执行异议依据不充分，且未在法定期限内申请复议，故不予支持。由于丙公司已建成的210套商品房均被执行法院查封，无法正常销售，企业资金断流，经营陷入困境。

**【检察机关监督情况】**

受理情况。2016年12月27日，丙公司、丁公司以樊城区人民法院明显超标的额查封为由，向樊城区人民检察院申请监督。该院予以受理审查。

审查核实。樊城区人民检察院对案件线索依法进行调查核实。询问了申请人丙公司；前往樊城区人民法院查阅了审判与执行案卷，收集相关法律文书、价格鉴定报告与其他书证；实地前往被查封楼盘进行现场勘查。经审查核实发现，相关裁判文书确定的债务总额为 5974 万元，且甲小贷公司、乙公司申请查封的标的额仅为 6671 万元，而执行法院实际查封的房产价值为 1.21 亿元，存在明显超标的额查封的问题。

监督意见。樊城区人民检察院认为，樊城区人民法院查封的 210 套房产价值为 1.21 亿元，查封财产价值明显超出生效裁判文书确定的债务数额，违反《中华人民共和国民事诉讼法》第二百四十二条规定及《最高人民法院关于人民法院民事执行中查封、扣押、冻结财产的规定》第二十一条规定，存在明显超标的额查封被执行人财产的违法行为。2017 年 3 月 20 日，樊城区人民检察院向樊城区人民法院发出检察建议，建议对超标的额查封的违法行为予以纠正。

监督结果。收到检察建议书后，樊城区人民法院认定本案确系超标的额查封，于 2017 年 4 月 17 日发出协助执行通知书，通知某县住房保障管理局解除对被执行人先期查封的 210 套商品房中 109 套的查封。解封后，丙公司得以顺利出售商品房，回收售楼款，改善资金困境，并及时发放拖欠的农民工工资，积极协商偿还本案剩余债务。

【指导意义】

1. 纠正明显超标的额的违法查封行为，消除对案涉企业正常生产经营的不利影响。执行程序的适度原则要求对执行措施限制在合理的范围内，执行目的与执行手段之间的基本平衡。纠正明显超标的额的违法查封行为，对于盘活企业资产，激发企业活力，特别是保障民营企业的可持续发展十分重要。

2. 办理明显超标的额查封的民事监督案件，应当围绕保全范围和标的物价值进行审查。查封、扣押、冻结等强制执行措施的违法使用，将限制企业生产要素的自由流动，降低市场主体创造社会财富的活力。因此，在认定是否明显超标的额查封时，不仅需要查明主债权、利息、违约金及为实现债权而支出的合理费用，还要结合查封财产是否为可分物、财产上是否设定其他影响债权实现的权利负担等因素予以综合考虑。做到监督有据，准确有效。

3. 诉讼保全措施延续到执行程序后，检察机关应按执行监督程序进行审查。诉讼保全发生于裁判生效前的审判活动，目的是保障生效裁判的履行。裁判生效后即转入强制执行程序。对于明显超标的额查封的财产，应依法提出执行检察建议，监督执行法院纠正错误执行行为。

【相关规定】

《中华人民共和国民事诉讼法》第二百四十二条

《最高人民法院关于人民法院民事执行中查封、扣押、冻结财产的规定》第二十一条

《人民检察院民事诉讼监督规则（试行）》第一百零二条

# 福建甲光电公司、福建乙科技公司与福建丁物业公司物业服务合同纠纷和解案

## （检例第 80 号）

【关键词】 企业债务纠纷　不影响审判违法监督　多元化解机制　检察调处

【要　旨】

检察机关办理民事监督案件，在不影响审判违法监督的前提

下，可以引导当事人和解，但必须尊重当事人意愿，遵循意思自治与合法原则，在查清事实、厘清责任的基础上，依法促成和解，减轻当事人诉累，营造良好营商环境。

**【基本案情】**

福州软件园兴建于 1999 年 3 月，是福建省迄今为止规模最大的软件产业园区。2007 年，福建甲光电有限公司（以下简称甲公司）、福建乙科技有限公司（以下简称乙公司）等进驻软件园，购买园区土地建设自有研发楼。为提升园区服务质量，2011 年 1 月 28 日，福州丙开发有限公司（以下简称丙公司）通过招投标方式确定福建丁物业有限公司（以下简称丁公司）作为物业服务中标单位，中标价为 1.3 元／平方米／月。2011 年 3 月 28 日，丙公司与丁公司签订物业服务合同。甲公司、乙公司等多家公司认为，其自建园区相对独立封闭，未得到物业服务，且自身未与物业公司签订物业服务合同，因此拒绝交纳物业费，引发纠纷。丁公司于 2013 年 10 月向福建省福州市鼓楼区人民法院起诉，请求甲公司、乙公司支付拖欠的物业服务费及违约金。

鼓楼区人民法院一审认为，签订物业服务合同的一方须为物业的建设单位，甲公司的办公楼系其自建，故丙公司签订的物业服务合同对甲公司、乙公司无约束力，但丁公司对园区的道路、绿化等配套设施进行日常维护管养，甲公司、乙公司享受了基础设施服务，故应当支付物业费，酌定物业服务费标准为合同标准的 30%，即 0.39 元／平方米／月。丁公司不服，上诉至福建省福州市中级人民法院。二审判决驳回上诉，维持原判。

丁公司向福建省高级人民法院申请再审。再审法院认为，丙公司是园区公共区域的建设单位，其依法选聘物业服务企业并签订物业服务合同，对园区内公司具有相应约束力，改判甲公司、乙公司按照 1.3 元／平方米／月的标准交纳物业服务费。

**【检察机关监督情况】**

受理情况。甲公司、乙公司等民营企业认为其自建园区未享受物业服务，且丙公司无权代表业主签订物业服务合同，遂于2018年11月向福建省人民检察院申请监督。该院予以受理审查。

调查核实。为查清事实，检察机关走访福州市某管理委员会和丙公司，并实地查看甲公司、乙公司等多家民营企业的自建园区，调阅三次审理的审判案卷，全面掌握案件事实和争议症结。同时，在调查走访中也了解到，再审败诉对甲公司、乙公司等民营企业的营商环境产生一定影响，特别是与物业公司发生的长期纠纷也影响了企业的正常经营。

和解过程及结果。福建省人民检察院经研究认为，由于丁公司仅对甲公司等自有园区以外的公共区域提供物业服务，仍按照合同标准确定物业服务费，有违公平合理原则。为此，检察机关多次约谈物业公司和相关科技公司的法定代表人及诉讼代理人，认真听取并分析双方意见，解释法律规定，各方一致认为此案的最佳处理方式是和解结案。在检察机关引导下，双方自愿达成和解协议，丁公司同意甲公司、乙公司按照0.85元/平方米/月的标准交纳物业服务费，对之前六年的物业服务费一并结算，即时履行完毕，并将和解协议送交执行法院，执行法院终结本案执行。2019年8月，福建省人民检察院作出终结审查决定。

**【指导意义】**

1. 坚持和发展新时代"枫桥经验"，构建和谐营商环境。各级人民检察院办理民事监督案件，应当积极践行"枫桥经验"，在不影响审判违法监督、不损害国家利益、社会公共利益及他人合法权益的前提下，可以引导当事人自愿达成和解协议。由于民事监督案件涉及的法律关系已经为生效裁判确认，人民检察院应当把握和解的适用条件，避免损害裁判的既判力。如果生效裁判并无不当，人民检察院应当释法说理，说服申请人息诉罢访；如果人民法院的生效裁判违反法律相关规定，同级人民检察院在尊重当事人意愿的前提下可以引导当事人和解，节约司法资源、化解矛盾纠纷，真正实现"双赢、共赢、多赢"。

2. 检察机关引导当事人达成和解协议的，应当加强与法院执行程序的衔接。人民检察院办理民事监督案件，引导达成和解的，要注意与人民法院执行程序的衔接。当事人达成和解协议后，检察机关应当告知当事人向执行法院递交和解协议，必要时检察机关也可以主动告知执行法院相关和解情况，由执行法院按照执行和解的法律规定办理，以实现案结事了。

【相关规定】

《中华人民共和国民事诉讼法》第七条、第二百条、第二百零八条

《人民检察院民事诉讼监督规则（试行）》第五十五条、第六十六条、第七十五条第一款第（二）项

## 最高人民检察院
## 关于印发最高人民检察院
## 第二十二批指导性案例的通知

（2020 年 11 月 24 日公布    高检发办字〔2020〕64 号）

各级人民检察院：

经 2020 年 9 月 28 日最高人民检察院第十三届检察委员会第五十二次会议决定，现将无锡 F 警用器材公司虚开增值税专用发票案等四件指导性案例（检例第 81—84 号）作为第二十二批指导性案例（检察机关适用认罪认罚从宽制度主题）发布，供参照适用。

最高人民检察院

2020 年 11 月 24 日

# 无锡F警用器材公司虚开增值税专用发票案

## （检例第81号）

**【关键词】**

单位认罪认罚　不起诉　移送行政处罚　合规经营

**【要　旨】**

民营企业违规经营触犯刑法情节较轻，认罪认罚的，对单位和直接责任人员依法能不捕的不捕，能不诉的不诉。检察机关应当督促认罪认罚的民营企业合法规范经营。拟对企业作出不起诉处理的，可以通过公开听证听取意见。对被不起诉人（单位）需要给予行政处罚、处分或者需要没收其违法所得的，应当依法提出检察意见，移送有关主管机关处理。

**【基本案情】**

被不起诉单位，无锡F警用器材新技术有限公司（以下简称F警用器材公司），住所地江苏省无锡市。

被不起诉人乌某某，男，F警用器材公司董事长。

被不起诉人陈某某，女，F警用器材公司总监。

被不起诉人倪某，男，F警用器材公司采购员。

被不起诉人杜某某，女，无锡B科技有限公司法定代表人。

2015年12月间，乌某某、陈某某为了F警用器材公司少缴税款，商议在没有货物实际交易的情况下，从其他公司虚开增值税专用发票抵扣税款，并指使倪某通过公司供应商杜某某等人介绍，采用伪造合同、虚构交易、支付开票费等手段，从王某某（另案处理）实际控制的商贸公司、电子科技公司虚开增值税专用发票24份，税额计人民币377344.79元，后F警用器材公司从税务机关抵扣了税款。

乌某某、陈某某、倪某、杜某某分别于2018年11月22日、23日至公安机关投案，均如实供述犯罪事实。11月23日，公安机关对乌某某等四人依法取保候审。案发后，F警用器材公司补缴全部税款并缴纳滞纳金。2019年11月8日，无锡市公安局新吴分局以F警用器材公司及乌某某等人涉嫌虚开增值税专用发票罪移送检察机关审查起诉。检察机关经审查，综合案件情况拟作出不起诉处理，举行了公开听证。该公司及乌某某等人均自愿认罪认罚，在律师的见证下签署了《认罪认罚具结书》。2020年3月6日，无锡市新吴区人民检察院依据《中华人民共和国刑事诉讼法》第一百七十七条第二款规定，对该公司及乌某某等四人作出不起诉决定，就没收被不起诉人违法所得及对被不起诉单位予以行政处罚向公安机关和税务机关分别提出检察意见。后公安机关对倪某、杜某某没收违法所得共计人民币45503元，税务机关对该公司处以行政罚款人民币466131.8元。

**【检察履职情况】**

1. 开展释法说理，促使被不起诉单位和被不起诉人认罪认罚。新吴区人民检察院受理案件后，向F警用器材公司及乌某某等四人送达《认罪认罚从宽制度告知书》，结合案情进行释法说理，并依法听取意见。乌某某等四人均表示认罪认罚，该公司提交了书面意见，表示对本案事实及罪名不持异议，愿意认罪认罚，请求检察机关从宽处理。

2. 了解企业状况，评估案件对企业生产经营的影响。检察机关为全面评估案件的处理对企业生产经营的影响，通过实地走访、调查，查明该公司成立于1997年，系科技创新型民营企业，无违法经营处罚记录，近三年销售额人民币 7000 余万元，纳税额人民币 692 万余元。该公司拥有数十项专利技术、计算机软件著作权和省级以上科学技术成果，曾参与制定 10 项公共安全行业标准，在业内有较好的技术创新影响力。审查起诉期间，公司参与研发的项目获某创新大赛金奖。

3. 提出检察建议，考察涉罪企业改进合规经营情况。该企业发案前有基本的经营管理制度，但公司治理制度尚不健全。在评估案件情况后，检察机关围绕如何推动企业合法规范经营提出具体的检察建议，督促涉罪企业健全完善公司管理制度。该公司根据检察机关建议，制定合规经营方案，修订公司规章制度，明确岗位职责，对员工开展合法合规管理培训，并努力完善公司治理结构。结合该企业上述改进情况，根据单位犯罪特点，在检察机关主持下，由单位诉讼代表人签字、企业盖章，在律师见证下签署《认罪认罚具结书》。

4. 举行公开听证，听取各方意见后作出不起诉决定，并提出检察意见。考虑到本案犯罪情节较轻且涉罪企业和直接责任人员认罪认罚，检察机关拟对涉罪企业及有关人员作出不起诉处理。为提升不起诉决定的公信力和公正性，新吴区人民检察院举行公开听证会，邀请侦查机关代表、人民监督员、特约检察员参加听证，通知涉罪企业法定代表人、犯罪嫌疑人、辩护人到场听证。经听取各方意见，新吴区人民检察院依法作出不起诉决定，同时依法向公安机关、税务机关提出行政处罚的检察意见。公安机关、税务机关对该公司作出相应行政处罚，并没收违法所得。

**【指导意义】**

1. 对犯罪情节较轻且认罪认罚的涉罪民营企业及其有关责任人员，应当依法从宽处理。检察机关办理涉罪民营企业刑事案件，应当充分考虑促进经济发展，促进职工就业，维护国家和社会公共利益的需要，积极做好涉罪企业及其有关责任人员的认罪认罚工作，促使涉罪企业退缴违法所得、赔偿损失、修复损害、挽回影响，从而将犯罪所造成的危害降到最低。对犯罪情节较轻且认罪认罚、积极整改的企业及其相关责任人员，符合不捕、不诉条件的，坚持能不捕的不捕，能不诉的不诉，符合判处缓刑条件的要提出适用缓刑的建议。

2. 把建章立制落实合法规范经营要求，作为悔罪表现和从宽处罚的考量因素。检察机关在办理企业涉罪案件过程中，通过对自愿认罪认罚的民营企业进行走访、调查，查明企业犯罪的诱发因素、制度漏洞、刑事风险等，提出检察建议。企业通过主动整改、建章立制落实合法规范经营要求体现悔罪表现。检察机关可以协助和督促企业执行，帮助企业增强风险意识，规范经营行为，有效预防犯罪并据此作为从宽处罚的考量因素。

3. 依法做好刑事不起诉与行政处罚、处分有效衔接。检察机关依法作出不起诉决定的案件，要执行好《中华人民共和国刑事诉讼法》第一百七十七条第三款的规定，对被不起诉人需要给予行政处罚、处分或者需要没收其违法所得的，应当提出检察意见，移送有关主管机关处理。有关主管机关应当将处理结果及时通知人民检察院。有关主管机关未及时通知处理结果的，人民检察院应当依法予以督促。

**【相关规定】**

《中华人民共和国刑法》第三十七条、第二百零五条

《中华人民共和国刑事诉讼法》第十五条、第一百七十三条、第一百七十四条、第一百七十七条

《人民检察院刑事诉讼规则》第三百七十三条

最高人民法院、最高人民检察院、公安部、国家安全部、司法部《关于适用认罪认罚从宽制度的指导意见》

最高人民法院《关于虚开增值税专用发票定罪量刑标准有关问题的通知》第二条

# 钱某故意伤害案

## （检例第 82 号）

【关键词】

认罪认罚　律师参与协商　量刑建议说理　司法救助

【要　旨】

检察机关应当健全量刑协商机制，规范认罪认罚案件量刑建议的形成过程。依法听取犯罪嫌疑人、辩护人或者值班律师的意见，通过出示有关证据、释法说理等方式，结合案件事实和情节开展量刑协商，促进协商一致。注重运用司法救助等制度措施化解矛盾，提升办案质效。

【基本案情】

被告人钱某，1982 年 5 月生，浙江嵊州人，嵊州市某工厂工人。

2019 年 9 月 28 日晚，钱某应朋友邀请在嵊州市长乐镇某餐馆与被害人马某某等人一起吃饭。其间，钱某与马某某因敬酒发生争吵，马某某不满钱某喝酒态度持玻璃酒杯用力砸向钱某头部，致其额头受伤流血。钱某随后从餐馆门口其电瓶车内取出一把折叠刀，在厮打过程中刺中马某某胸部、腹部。马某某随即被送往医院救治，经医治无效于同年 11 月 27 日死亡。案发后，钱某即向公安机关主动投案，如实供述了自己的犯罪行为。案件移送检察机关审查起诉后，钱某表示愿意认罪认罚，在辩护人见证下签署了《认罪认罚具结书》。案发后，被告人钱某向被害人亲属进行了民事赔偿，取得被害人亲属谅解。

绍兴市人民检察院以钱某犯故意伤害罪于 2020 年 5 月 15 日向绍兴市中级人民法院提起公诉，提出有期徒刑十二年的量刑建议。绍兴市中级人民法院经开庭审理，当庭判决采纳检察机关指控的罪名和量刑建议。被告人未上诉，判决已生效。

**【检察履职情况】**

1. 依法听取意见，开展量刑协商。本案被告人自愿认罪认罚，检察机关在依法审查证据、认定事实基础上，围绕如何确定量刑建议开展了听取意见、量刑协商等工作。根据犯罪事实和量刑情节，检察机关初步拟定有期徒刑十五年的量刑建议。针对辩护人提出钱某有正当防卫性质，属防卫过当的辩护意见，检察机关结合证据阐明被告人激愤之下报复伤害的犯罪故意明显，不属于针对不法侵害实施的防卫行为，辩护人表示认同，同时提交了钱某与被害人亲属达成的调解协议及被害人亲属出具的谅解书。检察机关审查并听取被害方意见后予以采纳，经与被告人及其辩护人沟通协商，将量刑建议调整为有期徒刑十二年，控辩双方达成一致意见。

2. 量刑建议说理。被告人签署具结书前，检察机关向被告人和辩护人详细阐释了本案拟起诉认定的事实、罪名、情节，量刑建议的理由和依据，自首、认罪认罚、赔偿损失及取得谅解等情节的量刑从宽幅度等。被告人表示接受，并在辩护人见证下签署了《认罪认罚具结书》。检察机关提起公诉时随案移送《量刑建议说理书》。

3. 开展司法救助。检察机关受理案件后，检察官多次到被害人家中慰问，了解到被害人家中仅有年迈的父亲和年幼的儿子二人，无力支付被害人医疗费和丧葬费，被告人也家境困难，虽然尽力赔付但不足以弥补被害方的损失。检察机关积极为被害人家属申请了司法救助金，帮助其解决困难，促进双方矛盾化解。

**【指导意义】**

1. 有效保障辩护人或者值班律师参与量刑协商。办理认罪认罚案件，检察机关应当与被告人、辩护人或者值班律师进行充分有效的量刑协商。检察机关组织开展量刑协商时，应当充分听取被告人、辩护人或者值班律师的意见。检察机关可以通过向被告人出示证据、释法说理等形式，说明量刑建议的理由和依据，保障协商的充分性。被告人及其辩护人或者值班律师提出新的证据材料或者不同意见的，应当重视并认真审查，及时反馈是否采纳并说明理由，需要核实或一时难以达成一致的，可以在充分准备后再开展协商。检察机关应当听取被害方及其诉讼代理人的意见，促进和解谅解，并作为对被告人从宽处罚的重要因素。

2. 运用司法救助促进矛盾化解。对于因民间矛盾纠纷引发，致人伤亡的案件，被告人认罪悔罪态度好，但因家庭经济困难没有赔偿能力或者赔偿能力有限，而被害方又需要救助的，检察机关应当积极促使被告人尽力赔偿被害方损失，争取被害方谅解，促进矛盾化解。同时要积极开展司法救助，落实帮扶措施，切实为被害方纾解困难提供帮助，做实做细化解矛盾等社会治理工作。

**【相关规定】**

《中华人民共和国刑法》第二百三十四条、第六十七条第一款

《中华人民共和国刑事诉讼法》第十五条、第一百七十三条、第一百七十四条、第一百七十六条

最高人民法院、最高人民检察院、公安部、国家安全部、司法部《关于适用认罪认罚从宽制度的指导意见》

《人民检察院国家司法救助工作细则（试行）》

# 琚某忠盗窃案

## （检例第 83 号）

**【关键词】**

认罪认罚　无正当理由上诉　抗诉　取消从宽量刑

**【要　旨】**

对于犯罪事实清楚，证据确实、充分，被告人自愿认罪认罚，一审法院采纳从宽量刑建议判决的案件，因被告人无正当理由上诉而不再具有认罪认罚从宽的条件，检察机关可以依法提出抗诉，建议法院取消因认罪认罚给予被告人的从宽量刑。

**【基本案情】**

被告人琚某忠，男，1985 年 11 月生，浙江省常山县人，农民。

2017 年 11 月 16 日下午，被告人琚某忠以爬窗入室的方式，潜入浙江省杭州市下城区某小区 502 室，盗取被害人张某、阮某某贵金属制品 9 件（共计价值人民币 28213 元）、现金人民币 400 余元、港币 600 余元。案发后公安机关追回上述 9 件贵金属制品，并已发还被害人。

审查起诉期间，检察机关依法告知被告人琚某忠诉讼权利义务、认罪认罚的具体规定，向琚某忠核实案件事实和证据，并出示监控录像等证据后，之前认罪态度反复的被告人琚某忠表示愿意认罪认罚。经与值班律师沟通、听取意见，并在值班律师见证下，检察官向琚某忠详细说明本案量刑情节和量刑依据，提出有期徒刑二年三个月，并处罚金人民币三千元的量刑建议，琚某忠表示认可和接受，自愿签署《认罪认罚具结书》。2018年3月6日，杭州市下城区人民检察院以被告人琚某忠犯盗窃罪提起公诉。杭州市下城区人民法院适用刑事速裁程序审理该案，判决采纳检察机关指控的罪名和量刑建议。

同年3月19日，琚某忠以量刑过重为由提出上诉，下城区人民检察院提出抗诉。杭州市中级人民法院认为，被告人琚某忠不服原判量刑提出上诉，导致原审适用认罪认罚从宽制度的基础已不存在，为保障案件公正审判，裁定撤销原判，发回重审。下城区人民法院经重新审理，维持原判认定的被告人琚某忠犯盗窃罪的事实和定性，改判琚某忠有期徒刑二年九个月，并处罚金人民币三千元。判决后，琚某忠未上诉。

【检察履职情况】

1. 全面了解上诉原因。琚某忠上诉后，检察机关再次阅卷审查，了解上诉原因，核实认罪认罚从宽制度的适用过程，确认本案不存在事实不清、证据不足、定性错误、量刑不当等情形；确认权利告知规范、量刑建议准确适当、具结协商依法进行。被告人提出上诉并无正当理由，违背了认罪认罚的具结承诺。

2. 依法提出抗诉。琚某忠无正当理由上诉表明其认罪不认罚的主观心态，其因认罪认罚而获得从宽量刑的条件已不存在，由此导致一审判决罪责刑不相适应。在这种情况下，检察机关以"被告人不服判决并提出上诉，导致本案适用认罪认罚从宽制度的条件不再具备，并致量刑不当"为由提出抗诉，并在抗诉书中就审查起诉和一审期间依法开展认罪认罚工作情况作出详细阐述。

【指导意义】

被告人通过认罪认罚获得量刑从宽后，在没有新事实、新证据的情况下，违背具结承诺以量刑过重为由提出上诉，无正当理由引起二审程序，消耗国家司法资源，检察机关可以依法提出抗诉。一审判决量刑适当、自愿性保障充分，因为认罪认罚后反悔上诉导致量刑不当的案件，检察机关依法提出抗诉有利于促使被告人遵守协商承诺，促进认罪认罚从宽制度健康稳定运行。检察机关提出抗诉时，应当建议法院取消基于认罪认罚给予被告人的从宽量刑，但不能因被告人反悔行为对其加重处罚。

【相关规定】

《中华人民共和国刑法》第二百六十四条

《中华人民共和国刑事诉讼法》第十五条、第一百七十三条、第一百七十四条、第一百七十六条

最高人民法院、最高人民检察院、公安部、国家安全部、司法部《关于适用认罪认罚从宽制度的指导意见》

# 林某彬等人组织、领导、参加黑社会性质组织案

## （检例第 84 号）

【关键词】

认罪认罚　黑社会性质组织犯罪　宽严相济　追赃挽损

【要　旨】

认罪认罚从宽制度可以适用于所有刑事案件，没有适用罪名和可能判处刑罚的限定，涉黑涉恶犯罪案件依法可以适用该制度。认罪认罚从宽制度贯穿刑事诉讼全过程，适用于侦查、起诉、审判各个阶段。检察机关办理涉黑涉恶犯罪案件，要积极履行主导责任，发挥认罪认罚从宽制度在查明案件事实、提升指控效果、有效追赃挽损等方面的作用。

**【基本案情】**

被告人林某彬，男，1983 年 8 月生，北京某投资有限公司法定代表人，某金融服务外包（北京）有限公司实际控制人。

胡某某等其他 51 名被告人基本情况略。

被告人林某彬自 2013 年 9 月至 2018 年 10 月，以实际控制的北京某投资有限公司、某金融服务外包（北京）有限公司，通过招募股东、吸收业务员的方式，逐步形成了以林某彬为核心，被告人增某、胡某凯等 9 人为骨干，被告人林某强、杨某明等 9 人为成员的黑社会性质组织。该组织以老年人群体为主要目标，专门针对房产实施系列"套路贷"犯罪活动，勾结个别公安民警、公证员、律师以及暴力清房团伙，先后实施了诈骗、敲诈勒索、寻衅滋事、虚假诉讼等违法犯罪活动，涉及北京市朝阳区、海淀区等 11 个区、72 名被害人、74 套房产，造成被害人经济损失人民币 1.8 亿余元。

林某彬黑社会性质组织拉拢公安民警被告人庞某天入股，利用其身份查询被害人信息，利用其专业知识为暴力清房人员谋划支招。拉拢律师被告人李某杰以法律顾问身份帮助林某彬犯罪组织修改"套路贷"合同模板、代为应诉，并实施虚假诉讼处置房产。公证员被告人王某等人为获得费用提成或收受林某彬黑社会性质组织给予的财物，出具虚假公证文书。

在北京市人民检察院第三分院主持下，全案 52 名被告人中先后有 36 名签署了《认罪认罚具结书》。2019 年 12 月 30 日，北京市第三中级人民法院依法判决，全部采纳检察机关量刑建议。林某彬等人上诉后，2020 年 7 月 16 日，北京市高级人民法院二审裁定驳回上诉，维持原判。

**【检察履职情况】**

1. 通过部分被告人认罪认罚，进一步查清案件事实，教育转化同案犯。在案件侦查过程中，检察机关在梳理全案证据基础上，引导侦查机关根据先认罪的胡某凯负责公司财务、熟悉公司全部运作的情况，向其讲明认罪认罚的法律规定，促使其全面供述，查清了林某彬黑社会性质组织诈骗被害人房产所实施的多个步骤，证实了林某彬等人以房产抵押借款并非民间借贷，而是为骗取被害人房产所实施的"套路贷"犯罪行为，推动了全案取证工作。审查起诉阶段，通过胡某凯认罪认罚以及根据其供述调取的微信股东群聊天记录等客观证据，对股东韩某军、庞某天等被告人进行教育转化。同时开展对公司业务人员的教育转化工作，后业务人员白某金、吴某等被告人认罪认罚。审查起诉阶段共有 12 名被告人签署了《认罪认罚具结书》。通过被告人的供述及据此补充完善的相关证据，林某彬黑社会性质组织的人员结构、运作模式、资金分配等事实更加清晰。庭前会议阶段，围绕定罪量刑重点，展示全案证据，释明认定犯罪依据，促成 14 名被告人认罪认罚，在庭前会议结束后签署了《认罪认罚具结书》。开庭前，又有 10 名被告人表示愿意认罪认罚，签署了《认罪认罚具结书》。

2. 根据被告人在犯罪中的地位和作用以及认罪认罚的阶段，坚持宽严相济刑事政策，依法确定是否从宽以及从宽幅度。一是将被告人划分为"三类三档"。"三类"分别是公司股东及业务员、暴力清房人员、公证人员，"三档"是根据每一类被告人在犯罪中的地位和作用确定三档量刑范围，为精细化提出量刑建议提供基础。二是是否从宽以及从宽幅度坚持区别对待。一方面，坚持罪责刑相适应，对黑社会性质组织的组织者、领导者林某彬从严惩处，建议法庭依法不予从宽；对积极参加者，从严把握从宽幅度。另一方面，根据被告人认罪认罚的时间先后、对查明案件事实所起的作用、认罪悔罪表现、退赃退赔等不同情况，提出更具针对性的量刑建议。

3. 发挥认罪认罚从宽制度的积极作用，提升出庭公诉效果。出庭公诉人通过讯问和举证质证，继续开展认罪认罚教育，取得良好庭审效果。首要分子林某彬当庭表示愿意认罪认罚，在暴力清房首犯万某春当庭否认知晓"套路贷"运作流程的情况下，林某彬主动向法庭指证万某春的犯罪事实，使万某春的辩解不攻自破。在法庭最后陈述阶段，不认罪的被告人受到触动，也向被害人表达了歉意。

4. 运用认罪认罚做好追赃挽损，最大限度为被害人挽回经济损失。审查起诉阶段，通过强化对认罪认罚被告人的讯问，及时发现涉案房产因多次过户、抵押而涉及多起民事诉讼，已被法院查封或执行的关键线索，查清涉案财产走向。审判阶段，通过继续推动认罪认罚，不断扩大追赃挽损的效果。在庭前会议阶段，林某彬等多名被告人表示愿意退赃退赔；在庭审阶段，针对当庭认罪态度较好，部分退赔已落实到位或者明确表示退赔的被告人，公诉人向法庭建议在退赔到位时可以在检察机关量刑建议幅度以下判处适当的刑罚，促使被告人退赃退赔。全案在起诉时已查封、扣押、冻结涉案财产的基础上，一审宣判前，被告人又主动退赃退赔人民币400余万元。

**【指导意义】**

1. 对于黑社会性质组织犯罪等共同犯罪案件，适用认罪认罚从宽制度有助于提升指控犯罪质效。检察机关应当注重认罪认罚从宽制度的全流程适用，通过犯罪嫌疑人、被告人认罪认罚，有针对性地收集、完善和固定证据，同时以点带面促使其他被告人认罪认罚，完善指控犯罪的证据体系。对于黑社会性质组织等涉案人数众多的共同犯罪案件，通过对被告人开展认罪认罚教育转化工作，有利于分化瓦解犯罪组织，提升指控犯罪的效果。

2. 将认罪认罚与追赃挽损有机结合，彻底清除有组织犯罪的经济基础，尽力挽回被害人损失。检察机关应当运用认罪认罚深挖涉案财产线索，将退赃退赔情况作为是否认罚的考察重点，灵活运用量刑建议从宽幅度激励被告人退赃退赔，通过认罪认罚成果巩固和扩大追赃挽损的效果。

3. 区别对待，准确贯彻宽严相济刑事政策。认罪认罚从宽制度可以适用于所有案件，但"可以"适用不是一律适用，被告人认罪认罚后是否从宽，要根据案件性质、情节和对社会造成的危害后果等具体情况，坚持罪责刑相适应原则，区分情况、区别对待，做到该宽则宽，当严则严，宽严相济，罚当其罪。对犯罪性质恶劣、犯罪手段残忍、危害后果严重的犯罪分子，即使认罪认罚也不足以从宽处罚的，依法可不予以从宽处罚。

【相关规定】

《中华人民共和国刑法》第二百六十六条、第二百七十四条、第二百九十三条、第二百九十四条、第三百零七条之一

《中华人民共和国刑事诉讼法》第十五条、第一百七十三条、第一百七十四条、第一百七十六条

最高人民法院、最高人民检察院、公安部、国家安全部、司法部《关于适用认罪认罚从宽制度的指导意见》

最高人民法院、最高人民检察院、公安部、司法部《关于办理"套路贷"刑事案件若干问题的意见》

# 最高人民检察院
# 关于印发最高人民检察院
# 第二十三批指导性案例的通知

（2020 年 12 月 3 日公布　高检发办字〔2020〕68 号）

各级人民检察院：

经 2020 年 11 月 6 日最高人民检察院第十三届检察委员会第五十四次会议决定，现将刘远鹏涉嫌生产、销售"伪劣产品"（不起诉）案等五件案例（检例第 85—89 号）作为第二十三批指导性案例（检察机关依法履职促进社会治理主题）发布，供参照适用。

最高人民检察院

2020 年 12 月 3 日

# 刘远鹏涉嫌生产、销售"伪劣产品"（不起诉）案

## （检例第 85 号）

**【关键词】**

民营企业　创新产品　强制标准　听证　不起诉

**【要　旨】**

检察机关办理涉企案件，应当注意保护企业创新发展。对涉及创新的争议案件，可以通过听证方式开展审查。对专业性问题，应当加强与行业主管部门沟通，充分听取行业意见和专家意见，促进完善相关行业领域标准。

**【基本案情】**

被不起诉人刘远鹏（化名），男，1982 年 5 月出生，浙江动迈有限公司（化名）法定代表人。

2017 年 10 月 26 日，刘远鹏以每台 1200 元的价格将其公司生产的"T600D"型电动跑步机对外出售，销售金额合计 5 万余元。浙江省永康市市场监督管理部门通过产品质量抽查，委托浙江省家具与五金研究所对所抽样品的 18 个项目进行检验，发现该跑步机"外部结构""脚踏平台"不符合国家强制标准，被鉴定为不合格产品。2017 年 11 月至 12 月，刘远鹏将研发的"智能平板健走跑步机"以跑步机的名义对外出售，销售金额共计 701.4 万元。经市场监督管理部门委托宁波出入境检验检疫技术中心检验，该产品未根据"跑步机附加的特殊安全要求和试验方法"加装"紧急停止开关"，且"安全扶手""脚踏平台"不符合国家强制标准，被鉴定

为不合格产品。

**【检察机关履职过程】**

2018 年 9 月 21 日，浙江省永康市公安局以刘远鹏涉嫌生产、销售伪劣产品罪对其立案侦查并采取刑事拘留强制措施。案发后，永康市人民检察院介入侦查时了解到涉案企业系当地纳税优胜企业，涉案"智能平板健走跑步机"是该公司历经三年的研发成果，拥有十余项专利。在案件基本事实查清，主要证据已固定的情况下，考虑到刘远鹏系企业负责人和核心技术人员，为保障企业的正常生产经营，检察机关建议对刘远鹏变更强制措施。2018 年 10 月 16 日，公安机关决定对刘远鹏改为取保候审。

2018 年 11 月 2 日，公安机关将案件移送永康市人民检察院审查起诉。经审查，本案的关键问题在于："智能平板健走跑步机"是创新产品还是不合格产品？能否按照跑步机的国家强制标准认定该产品为不合格产品？经赴该企业实地调查核实，永康市人民检察院发现"智能平板健走跑步机"运行速度与传统跑步机有明显区别。通过电话回访，了解到消费者对该产品的质量投诉为零，且普遍反映该产品使用便捷，未造成人身伤害和财产损失。检察机关经进一步审查，鉴定报告中认定"智能平板健走跑步机"为不合格产品的主要依据，是该产品没有根据跑步机的国家强制标准，加装紧急停止装置、安全扶手、脚踏平台等特殊安全配置。经进一步核实，涉案"智能平板健走跑步机"最高限速仅 8 公里/小时，远低于传统跑步机 20 公里/小时的速度，加装该公司自主研发的红外感应智能控速、启停系统后，实际使用安全可靠，并无加装前述特殊安全配置的必要。检察机关又进一步咨询了行业协会和专业人士，业内认为"智能平板健走跑步机"是一种新型健身器材，对其适用传统跑步机标准认定是否安全不尽合理。综合全案证据，永康市人民检察院认为，"智能平板健走跑步机"可能是一种区别于传统跑步机的创新产品，鉴定报告依据传统跑步机质量标准认定其为伪劣产品，合理性存疑。

2019 年 3 月 11 日，永康市人民检察院对本案进行听证，邀请侦查人员、辩护律师、人大代表、相关职能部门代表和跑步机协会代表共 20 余人参加听证。经评议，与会听证员一致认为，涉案"智能平板健走跑步机"是企业创新产品，从消费者使用体验和技术参数分析，使用该产品不存在现实隐患，在国家标准出台前，不宜以跑步机的强制标准为依据认定其为不合格产品。

结合听证意见，永康市人民检察院经审查，认定刘远鹏生产、销售的"智能平板健走跑步机"在运行速度、结构设计等方面与传统意义上的跑步机有明显区别，是一种创新产品。对其质量不宜以传统跑步机的标准予以认定，因其性能指标符合"固定式健身器材通用安全要求和试验方法"的国家标准，不属于伪劣产品，刘远鹏生产、销售该创新产品的行为不构成犯罪。综合全案事实，2019 年 4 月 28 日，永康市人民检察院依法对刘远鹏作出不起诉决定。

该案办理后，经与行业主管、监管部门研究，永康市人民检察院建议永康市市场监督管理部门层报国家有关部委请示"智能平板健走跑步机"的标准适用问题。经层报国家市场监督管理总局，总局书面答复："智能平板健走跑步机"因具有运行速度较慢、结构相对简单、外形小巧等特点，是一种"创新产品"，不适用跑步机的国家标准。总局同时还就"走跑步机"类产品的名称、宣传、安全标准等方面，提出了规范性意见。

【指导意义】

（一）对创新产品要进行实质性审查判断，不宜简单套用现有产品标准认定为"伪劣产品"。刑法规定，以不合格产品冒充合格产品的，构成生产、销售伪劣产品罪。认定"不合格产品"，以违反《产品质量法》规定的相关质量要求为前提。《产品质量法》要求产品"不存在危及人身、财产安全的不合理的危险","有保障人体健康和人身、财产安全的国家标准、行业标准的,应当符合该标准"的要求;同时,产品还应当具备使用性能。根据这些要求,对于已有国家标准、行业标准的传统产品,只有符合标准的才能认定为合格产品;对于尚无国家标准、行业标准的创新产品,应当本着既鼓励创新,又保证人身、财产安全的原则,多方听取意见,进行实质性研判。创新产品在使用性能方面与传统产品存在实质性差别的,不宜简单化套用传统产品的标准认定是否"合格"。创新产品不存在危及人身、财产安全隐患,且具备应有使用性能的,不应当认定为伪劣产品。相关质量检验机构作出鉴定意见的,检察机关应当进行实质审查。

(二)改进办案方式,加强对民营企业的平等保护。办理涉民营企业案件,要有针对性地转变理念,改进方法,严格把握罪与非罪、捕与不捕、诉与不诉的界限标准,把办案与保护企业经营结合起来,通过办案保护企业创新,在办案过程中,注重保障企业正常经营活动。要注重运用听证方式办理涉企疑难案件,善于听取行业意见和专家意见,准确理解法律规定,将法律判断、专业判断与民众的朴素认知结合起来,力争办案"三个效果"的统一。

(三)立足办案积极参与社会治理,促进相关规章制度和行业标准的制定完善。办理涉及企业经营管理和产品技术革新的案件,发现个案反映出的问题带有普遍性、行业性的,应当及时通过与行业主管部门进行沟通并采取提出检察建议等方式,促使行业主管部门制定完善相关制度规范和行业标准等,推进相关领域规章制度健全完善,促进提升治理效果。

**【相关规定】**

《中华人民共和国刑法》第一百四十条

《中华人民共和国刑事诉讼法》第一百七十七条

《中华人民共和国产品质量法》第二十六条

《最高人民法院、最高人民检察院关于办理生产、销售伪劣商品刑事案件具体应用法律若干问题的解释》第一条

# 盛开水务公司污染环境
# 刑事附带民事公益诉讼案

## （检例第 86 号）

【关键词】

刑事附带民事公益诉讼　参与调解　连带责任　替代性修复

【要　旨】

检察机关办理环境污染民事公益诉讼案件，可以在查清事实明确责任的基础上，遵循自愿、合法和最大限度保护公共利益的原则，积极参与调解。造成环境污染公司的控股股东自愿加入诉讼，愿意承担连带责任并提供担保的，检察机关可以依申请将其列为第三人，让其作为共同赔偿主体，督促其运用现金赔偿、替代性修复等方式，承担生态损害赔偿的连带责任。对办案中发现的带有普遍性的问题，检察机关可以通过提出检察建议、立法建议等方式，促进社会治理创新。

【基本案情】

被告单位南京盛开水务有限公司（化名，以下简称盛开水务公司），住所地南京某工业园区。

被告人郑一庚（化名），男，1965 年 3 月出生，南京盛开水务公司总经理。

盛开水务公司于2003年5月成立，主营污水处理业务。2014年10月至2017年4月，该公司在高浓度废水处理系统未运行、SBR（序批式活性污泥处理技术，主要用于处理水中有机物）反应池无法正常使用的情况下，利用暗管向长江违法排放高浓度废水28.46万立方米和含有危险废物的混合废液54.06吨。该公司还采取在二期废水处理系统中篡改在线监测仪器数据的方式，逃避监管，向长江偷排含有毒有害成分污泥4362.53吨及超标污水906.86万立方米。上述排污行为造成生态环境损害，经鉴定评估，按照虚拟治理成本法的方式，以单位治理成本总数乘以环境敏感系数，认定生态环境修复费用约4.70亿元。

**【检察机关履职过程】**

（一）提起公诉追究刑事责任

2017年4月10日，南京市公安局水上分局对盛开水务公司等以污染环境罪立案侦查。2017年8月25日，公安机关对该案侦查终结后移送南京市鼓楼区人民检察院审查起诉。2018年1月23日，根据南京市环境资源类案件集中管辖的要求，南京市鼓楼区人民检察院向南京市中级人民法院指定的南京市玄武区人民法院提起公诉。

2018年10月、2019年3月，南京市玄武区人民法院对该案开庭审理。庭审围绕危险废物判定、涉案公司处理工艺、污染标准认定、虚拟治理成本适用方法等问题展开法庭调查和辩论。经审理，法院采纳检察机关刑事指控，认定被告单位及被告人郑一庚等构成污染环境罪。2019年5月17日，玄武区人民法院以污染环境罪判处被告单位盛开水务公司罚金5000万元；判处被告人郑一庚等12人有期徒刑六年至一年不等，并处罚金200万元至5万元不等。一审判决作出后，盛开水务公司及郑一庚等提出上诉，2019年10月15日，南京市中级人民法院作出二审裁定，维持原判。

（二）提起刑事附带民事公益诉讼

南京市鼓楼区人民检察院在介入侦查、引导取证过程中发现公益受损的案件线索，遂决定作为公益诉讼案件立案。2017年9月22日，按照公益诉讼试点工作要求，该院根据实际情况，采取走访环保部门及辖区具有提起环境公益诉讼资格的公益组织的方式履行了诉前程序，环保部门和公益组织明确表示不就该案提起公益诉讼。

公益诉讼案件立案后，检察机关进一步收集完善侵权主体、非法排污数量、因果关系等方面证据，并委托环保部南京生态环境研究所等专业机构，组织20余次专家论证会，出具6份阶段性鉴定意见。2018年9月14日，南京市鼓楼区人民检察院对盛开水务公司提起刑事附带民事公益诉讼，诉请法院判令其在省级以上媒体公开赔礼道歉并承担约4.70亿元生态环境损害赔偿责任。2018年10月、2019年3月，人民法院在两次开庭审理中，对民事公益诉讼案件与刑事部分一并进行了审理。2019年5月7日，盛开水务公司对民事公益诉讼部分提出调解申请，但其资产为1亿元左右，无力全额承担4.70亿元的赔偿费用。其控股股东盛开（中国）投资有限公司（化名，以下简称盛开投资公司，持有盛开水务公司95%的股份）具有赔付能力及代为修复环境的意愿，自愿申请加入诉讼，愿意进行环境修复并出具担保函，检察机关和人民法院经审查均予以认可。

调解过程中，检察机关提出"现金赔偿＋替代性修复"调解方案，由盛开水务公司承担现金赔偿责任，盛开投资公司承担连带责任。同时，盛开投资公司承担替代性修复义务，并确定承担替代性修复义务的具体措施，包括新建污水处理厂、现有污水处理厂提标改造、设立保护江豚公益项目等内容。

经过多次磋商，被告及盛开投资公司认同检察机关关于该案环境损害鉴定方法、赔偿标准与赔偿总额、赔偿方式等问题的主张。2019 年 12 月 27 日，在南京市玄武区人民法院的主持下，检察机关与盛开水务公司、盛开投资公司共同签署分四期支付 2.37 亿元的现金赔偿及承担 2.33 亿元替代性修复义务的调解协议。2019 年 12 月 31 日，法院对该调解协议在人民法院网进行了为期 30 日的公告，公告期间未收到异议反馈。2020 年 2 月 7 日，调解协议签订。目前，盛开投资公司已按期支付 1.17 亿元赔偿金，剩余 1.20 亿元分三年支付。替代性修复项目正在有序进行中。

（三）参与社会治理，推动地方立法

办理该案后，检察机关针对办案中发现的环境监管漏洞等问题，积极推动完善社会治理。一是针对办案中发现的污水排放核定标准中氯离子浓度过高等问题，鉴于环保部门未尽到充分注意义务，检察机关发出检察建议，要求将氯离子浓度纳入江苏省《化学工业水污染物排放标准》予以监管，被建议单位予以采纳。二是对包括盛开水务公司在内的 300 余名化工企业负责人和环保管理人员开展警示教育，增强公司管理人员环境保护意识和法治意识，促进加强水污染防治监管。三是结合本案，对长江水污染问题开展调研，针对长江生态保护的行政监管部门多，职能交叉、衔接不畅等问题，提出制定"南京市长江生态环境保护实施条例"的立法建议，获得南京市人大常委会采纳，并决定适时研究制定该地方性法规，助力长江生态保护，促进区域治理体系和治理能力现代化建设。

【指导意义】

（一）环境公益诉讼中，检察机关可以在最大限度保护公共利益的前提下参与调解。检察机关办理环境污染类案件，要充分发挥民事公益诉讼职能，注重服务经济社会发展。既要落实"用最严格制度最严密法治保护生态环境"的原则要求，又要注意办案方式方法的创新。在办案中遇到企业因重罚而资不抵债，可能破产关闭等情况时，不能机械办案或者一罚了之。依据相关法律规定，检察机关可以与被告就赔偿问题进行调解。与一般的民事调解不同，检察机关代表国家提起公益诉讼，在调解中应当保障公共利益最大化实现。在被告愿意积极赔偿的情况下，检察机关考虑生态修复需要，综合评估被告财务状况、预期收入情况、赔偿意愿等情节，可以推进运用现金赔偿、替代性修复等方式，既落实责任承担，又确保受损环境得以修复。在实施替代性修复时，对替代性修复项目应当进行评估论证。项目应当既有利于生态环境恢复，又具有公益性，同时，还应当经人民检察院、人民法院和社会公众的认可。

（二）股东自愿申请加入公益诉讼，检察机关经审查认为有利于生态环境公益保护的，可以同意其请求。在环境民事公益诉讼中，被告单位的控股股东自愿共同承担公益损害赔偿责任，检察机关经审查认为其加入确实有利于生态环境修复等公益保护的，可以准许，并经人民法院认可，将其列为第三人。是否准许加入诉讼，检察机关需要重点审查控股股东是否与损害发生确无法律上的义务和责任。如果控股股东对损害的发生具有法律上的义务和责任，则应当由人民法院追加其参加诉讼，不能由其自主选择是否参加诉讼。

（三）在公益诉讼中，检察机关应当注重运用检察建议、立法建议等多种方式，推动社会治理创新。检察机关办理涉环境类公益诉讼案件，针对生态环境执法、监管、社会治理等方面存在的问题，可以运用检察建议等方式，督促相关行政部门履职，促进区域生态环境质量改善。对于涉及地方治理的重点问题，可以采取提出立法建议的方式，促进社会治理创新，推进法治完善。对于法治教育和宣传普及中存在的问题，应当按照"谁执法谁普法"的原则，结合办案以案释法，对相关特殊行业从业人员开展法治宣传教育，提升环境保护法治意识。

【相关规定】

《中华人民共和国刑事诉讼法》第一百零一条

《中华人民共和国民事诉讼法》第五十一条、第五十五条

《中华人民共和国水污染防治法》第十条、第三十九条

《中华人民共和国环境保护法》第六条、第四十二条、第六十四条

《最高人民法院、最高人民检察院关于检察公益诉讼案件适用法律若干问题的解释》第二十条

《最高人民法院关于审理环境民事公益诉讼案件适用法律若干问题的解释》第四条、第二十五条

《最高人民法院关于适用〈中华人民共和国刑事诉讼法〉的解释》第一百五十九条

《最高人民法院、最高人民检察院关于人民检察院提起刑事附带民事公益诉讼应否履行诉前公告程序问题的批复》

# 李卫俊等"套路贷"虚假诉讼案

## （检例第 87 号）

【关键词】

虚假诉讼　套路贷　刑民检察协同　类案监督　金融监管

【要　旨】

检察机关办理涉及"套路贷"案件时，应当查清是否存在通过虚假诉讼行为实现非法利益的情形。对虚假诉讼中涉及的民事判决、裁定、调解协议书等，应当依法开展监督。针对办案中发现的

非法金融活动和监管漏洞，应当运用检察建议等方式，促进依法整治并及时堵塞行业监管漏洞。

**【基本案情】**

被告人李卫俊，男，1979年10月出生，无业。

2015年10月以来，李卫俊以其开设的江苏省常州市金坛区汇丰金融小额贷款公司为载体，纠集冯小陶、王岩、陆云波、丁众等多名社会闲散人员，实施高利放贷活动，逐步形成以李卫俊为首要分子的恶势力犯罪集团。该集团长期以欺骗、利诱等手段，让借款人虚写远高于本金的借条、签订虚假房屋租赁合同等，并要求借款人提供抵押物、担保人，制造虚假给付事实。随后，采用电话骚扰、言语恐吓、堵锁换锁等"软暴力"手段，向借款人、担保人及其家人索要高额利息，或者以收取利息为名让其虚写借条。在借款人无法给付时，又以虚假的借条、租赁合同等向法院提起民事诉讼，欺骗法院作出民事判决或者主持签订调解协议。李卫俊等并通过申请法院强制执行，逼迫借款人、担保人及其家人偿还债务，造成5人被司法拘留，26人被限制高消费，21人被纳入失信被执行人名单，11名被害人名下房产6处、车辆7辆被查封。

**【检察机关履职过程】**

（一）提起公诉追究刑事责任

2018年3月，被害人吴某向公安机关报警，称其在李卫俊等人开办的小额贷款公司借款被骗。公安机关对李卫俊等人以涉嫌诈骗罪立案侦查。经侦查终结，2018年8月20日，公安机关以李卫俊等涉嫌诈骗罪移送江苏省常州市金坛区人民检察院审查起诉。金坛区人民检察院审查发现，李卫俊等人长期从事职业放贷活动，具有"套路贷"典型特征，有涉嫌黑恶犯罪嫌疑。办案检察官随即向人民法院调取李卫俊等人提起的民事诉讼情况，发现2015年至2018年间，李卫俊等人提起民事诉讼上百起，多为民间借贷纠纷，且借条均为格式合同，多数案件被人民法院缺席判决。经初步判断，金坛区人民检察院认为该犯罪集团存在通过虚假诉讼的方式实施"套路贷"犯罪活动的情形。检察机关遂将案件退回公安机关补充侦查。经公安机关补充侦查，查清"套路贷"犯罪事实后，2018年12月13日，公安机关以李卫俊等涉嫌诈骗罪、敲诈勒索罪、虚假诉讼罪、寻衅滋事罪再次移送审查起诉。

2019年1月25日，金坛区人民检察院对本案刑事部分提起公诉，金坛区人民法院于2019年1月至10月四次开庭审理。经审理查明李卫俊等人犯罪事实后，金坛区人民法院依法认定其为恶势力犯罪集团。2019年11月1日，金坛区人民法院以诈骗罪、敲诈勒索罪、虚假诉讼罪、寻衅滋事罪判处李卫俊有期徒刑十二年，并处罚金人民币二十八万元；其余被告人分别被判处有期徒刑八年至三年六个月不等，并处罚金。

（二）开展虚假诉讼案件民事监督

针对审查起诉中发现的李卫俊等人套路贷中可能存在虚假诉讼问题，常州市金坛区人民检察院在做好审查起诉追究刑事责任的同时，依职权启动民事诉讼监督程序，并重点开展了以下调查核实工作：一是对李卫俊等人提起民事诉讼的案件进行摸底排查，查明李卫俊等人共向当地法院提起民间借贷、房屋租赁、买卖合同纠纷等民事诉讼113件，申请民事执行案件80件，涉案金额共计400余万元。二是向相关民事诉讼当事人进行调查核实，查明相关民间借贷案件借贷事实不清，金额虚高，当事人因李卫俊等实施"软暴力"催债，被迫还款。三是对民事判决中的主要证据进行核实，查明作出相关民事判决、裁定、调解确无合法证据。四是对案件是否存在重大金融风险隐患进行核实，查明包括本案在内的小额贷款公司、商贸公司均存在无资质经营、团伙性放贷等问题，金融监管缺位，存在重大风险隐患。

经调查核实，检察机关认为李卫俊等人主要采取签写虚高借条、肆意制造违约、隐瞒抵押事实等手段，假借诉讼侵占他人合法财产。人民法院在相关民事判决中，认定案件基本事实所依据的证据虚假，相关民事判决应予纠正；对于李卫俊等与其他当事人的民事调解书，因李卫俊等人的犯罪行为属于利用法院审判活动，非法侵占他人合法财产，严重妨害司法秩序，损害国家利益与社会公共利益，也应当予以纠正。2019 年 6 月至 7 月，金坛区人民检察院对该批 50 件涉虚假诉讼案件向人民法院提出再审检察建议 42 件，对具有典型意义的 8 件案件提请常州市人民检察院抗诉。2019 年 7 月，常州市人民检察院向常州市中级人民法院提出抗诉，同年 8 月，常州市中级法院裁定将 8 件案件指令金坛区人民法院再审。9 月，金坛区人民法院对 42 件案件裁定再审。10 月，金坛区人民法院对该批 50 件案件一并作出民事裁定，撤销原审判决。案件办结后，经调查，2020 年 1 月，金坛区纪委监委对系列民事案件中存在失职问题的涉案审判人员作出了相应的党纪政纪处分。

（三）结合办案参与社会治理

针对办案中发现的社会治理问题，检察机关立足法律监督职能，开展了以下工作。一是推动全市开展集中打击虚假诉讼的专项活动，共办理虚假诉讼案件 103 件，移送犯罪线索 12 件 15 人；与人民法院协商建立民事案件正副卷一并调阅制度及民事案件再审信息共享机制，与纪委监委、公安、司法等相关部门建立线索移送、案件协作机制，有效形成社会治理合力。二是针对发现的小微金融行业无证照开展金融服务等管理漏洞，向行政主管部门发出检察建议 7 份；联合公安、金融监管、市场监管等部门，在全市范围内开展金融整治专项活动，对重点区域进行清理整顿，对非法金融活动集中的写字楼开展"扫楼"行动，清理取缔 133 家非法理财公司，查办 6 起非法经营犯罪案件。三是向常州市人大常委会专题报告民事虚假诉讼检察监督工作情况，推动出台《常州市人大常委会关于全市民事虚假诉讼法律监督工作情况的审议意见》，要求全市相关职能部门加强协作配合，推动政法机关信息大平台建设、实施虚假诉讼联防联惩等 9 条举措。四是针对办案中发现的律师违规代理和公民违法代理的行为，分别向常州市律师协会和相关法院发出检察建议并获采纳。常州市律师协会由此开展专项教育整顿，规范全市律师执业行为，推进加强社会诚信体系建设。

**【指导意义】**

（一）刑民检察协同，加强涉黑涉恶犯罪中"套路贷"行为的审查。检察机关在办理涉黑涉恶案件存在"套路贷"行为时，应当注重强化刑事检察和民事检察职能协同。既充分发挥刑事检察职能，严格审查追诉犯罪，又发挥民事检察职能，以发现的异常案件线索为基础，开展关联案件的研判分析，并予以精准监督。刑事检察和民事检察联动，形成监督合力，加大打击黑恶犯罪力度，提升法律监督质效。

（二）办理"套路贷"案件要注重审查是否存在虚假诉讼行为。对涉黑涉恶案件中存在"套路贷"行为的，检察机关应当注重审查是否存在通过虚假诉讼手段实现"套路贷"非法利益的情形。对此，可围绕案件中是否存在疑似职业放贷人，借贷合同是否为统一格式，原告提供的证据形式是否不合常理，被告是否缺席判决等方面进行审查。发现虚假诉讼严重损害当事人利益，妨害司法秩序的，应当依职权启动监督，及时纠正错误判决、裁定和调解协议书。

（三）综合运用多种手段促进金融行业治理。针对办案中发现的非法金融活动、行业监管漏洞、诚信机制建设等问题，检察机关应当分析监管缺位的深层次原因，注重运用检察建议等方式，促进行业监管部门建章立制、堵塞管理漏洞。同时，还应当积极会同纪委监委、法院、公安、金融监管、市场监管等单位建立金融风险联防联惩体系，形成监管合力和打击共识。对所发现的倾向性、苗头性问题，可以通过联席会议的方式，加强研判，建立健全信息共享、线索移送、案件协查等工作机制，促进从源头上铲除非法金融活动的滋生土壤。

**【相关规定】**

《中华人民共和国民事诉讼法》第二百零八条

《中华人民共和国刑法》第二百三十八条、第二百六十六条、第二百七十四条、第二百九十三条、第三百零七条之一

《最高人民法院关于审理民间借贷案件适用法律若干问题的规定》第十九条

# 北京市海淀区人民检察院
# 督促落实未成年人禁烟保护案

## （检例第 88 号）

**【关键词】**

行政公益诉讼　未成年人司法保护　检察建议　禁烟保护

**【要　旨】**

未成年人合法权益受到侵犯涉及公共利益的，人民检察院应当提起公益诉讼予以司法保护。校园周边存在向未成年人出售烟草制品等违法行为时，检察机关可以采取提出检察建议的方式，督促相关行政部门依法履职，加强校园周边环境整治，推进未成年人权益保护。

**【基本案情】**

北京市海淀区人民检察院在法治进校园宣传活动中，结合调查核实发现，本区学校周边的部分零售经营场所存在违法出售烟草制品等行为，使得未成年人可轻易获得烟草制品，可能损害未成年人的身心健康，违反《未成年人保护法》《烟草专卖法》等相关法律规定。2019 年 5 月 17 日，海淀区人民检察院决定针对未成年人禁烟保护予以行政公益诉讼立案。经调查核实发现，本区存在违法向未成年人出售烟草制品等明显违法的情形，相关行政监管部门履职不到位。经海淀区人民检察院向区烟草专卖局、区市场监督管理局发出诉前检察建议，两机关高度重视检察建议提出的问题，积极履行监管职责，采取切实有效整改措施消除学校周边可随意购买烟草制品的问题。

**【检察机关履职过程】**

（一）调查核实

北京市海淀区人民检察院对该案立案后，组成检察官办案组在一个月内对辖区 30 多所中小学周边的 100 余处烟草零售经营场所进行走访调查，发现在涉及未成年人禁烟保护问题上存在以下违法现象：一是学校周围存在经营者向未成年人出售烟草制品的违法行为。二是在未成年人经常出入的便利店等零售场所，经营者未设置不向未成年人出售烟草制品的明显标识。

针对部分经营者存在的违反《未成年人保护法》《烟草专卖法》等现象，海淀区人民检察院研究梳理相关行政监管部门职责认为：区烟草专卖局作为烟草专卖行政主管部门，应当对上述违法行为履行监管职责，责令相关经营者纠正违法行为，并对其处以罚款等行政处罚；区市场监督管理局作为学校周边禁售烟草制品的行政主管部门，应当发挥监管职责，责令经营者停止违法零售业务，并采取没收违法所得、处以罚款等行政处罚。两机关均未依法履职。

经调查核实，海淀区人民检察院认为，应当通过履行行政公益诉讼检察职能督促行政机关依法履行职责，纠正相关市场主体违法行为，切实保护未成年人身心健康。

（二）制发检察建议

2019 年 5 月 24 日，海淀区人民检察院向区烟草专卖局、区市场监督管理局发出诉前检察建议：一是依法履行监督管理职责，对上述经营者的违法行为进行查处。二是进一步加强对辖区内未成年人禁烟保护问题的监管力度，建立健全长效工作机制，切实保护未成年人身心健康及合法权益。两机关收到检察建议后，迅速制定整改落实方案，并开展联合执法行动，对涉案违法经营者进行查处。海淀区人民检察院全程跟进监督，强化沟通协作，多次监督现场执法检查活动，确保整改效果。

2019 年 7 月，海淀区人民检察院先后收到区烟草专卖局、区市场监管局关于落实检察建议情况的回函。回函称检察建议中的涉案违法行为全部得到整改：对未依法设置标识的违法行为，已责令违法经营者在显著位置张贴了标识；对向未成年人出售烟草制品的违法行为，按法定程序立案审查后，对经营者作出罚款 1 万元的行政处罚决定，当事人均已缴纳罚款；对学校周边 100 米内存在违法行为的经营主体分别作出责令停止销售烟草制品、没收违法所得、罚款等处理决定。

（三）健全长效机制

在办理个案的基础上，海淀区人民检察院还与行政机关加大沟通协作力度，切实发挥"以点带面"的示范引领效应，着力构建解决和防范涉案问题的长效机制。一是开展全区类似问题排查。海淀区市场监督管理局对全区中小学校、少年宫等 85 家单位周边销售烟草制品商户进行全面摸排整治；海淀区烟草专卖局逐户排查是否设置控烟标识，加大对向未成年人出售烟草制品的查处力度。二是在全区范围内开展形式多样的控烟预防活动。开展宣传讲解，建立辖区街道互助小组，聘请第三方机构暗访检查，做到防控"零距离"；两机关还联合召开专项行动约谈会，加强对通过互联网推广和销售烟草制品行为的监测、劝阻和制止。海淀区人民检察院在办案同时注重总结宣传，邀请新华社等主流媒体对案件进行广泛报道，引起较大反响。2019年10月29日，国家卫生健康委等八部门联合印发《关于进一步加强青少年控烟工作的通知》。同年10月30日，国家烟草专卖局和国家市场监督管理总局联合发布《关于进一步保护未成年人免受电子烟侵害的通告》。

**【指导意义】**

（一）检察机关可以运用公益诉讼的方式，依法保护未成年人权益。未成年人司法保护是未成年人权益保护的重要内容。2020年10月17日第十三届全国人民代表大会常务委员会第二十二次会议修订通过的《未成年人保护法》第五十九条规定："学校、幼儿园周边不得设置烟、酒、彩票销售网点。禁止向未成年人销售烟、酒、彩票或者兑付彩票奖金。烟、酒和彩票经营者应当在显著位置设置不向未成年人销售烟、酒或者彩票的标志；对难以判明是否是未成年人的，应当要求其出示身份证件。"第一百零六条规定："未成年人合法权益受到侵犯，相关组织和个人未代为提起诉讼的，人民检察院可以督促、支持其提起诉讼；涉及公共利益的，人民检察院有权提起公益诉讼。"根据法律规定，检察机关可以针对校园周边存在售卖烟、酒制品，销售彩票，售卖不合格食品，不审查未成年人身份即允许未成年人进入网吧等常见的侵犯未成年人权益的问题，依法运用公益诉讼的方式，提出诉前检察建议，督促行政机关依法履职，切断未成年人获取烟酒等的途径，防止未成年人沉溺网络，实现社会问题的前端治理。

（二）检察机关在办案中要注重沟通协作，强化部门联动，确保监督效果。在公益诉讼案件办理过程中，应当通过事前全面调查取证，事中充分沟通协调，事后严格跟踪监督，凝聚各方共识，确保有效发挥公益诉讼诉前检察建议实效，督促行政机关切实依法履职，最大限度提高检察机关办理行政公益诉讼案件的质量和效率。

（三）检察机关就办案中发现的社会问题，要推动建立健全长效工作机制。为切实净化未成年人成长环境，助力未成年人健康成长，检察机关可以结合办理的案件，推动搭建多部门配合协作的平台，实现"检察＋行政＋学校＋社会"的多维度联动协调，形成良性互动的工作机制，推进社会治理的改善。

**【相关规定】**

《中华人民共和国行政诉讼法》第二十五条

《中华人民共和国未成年人保护法》第五十九条、第一百零六条（2020 年 10 月 17 日第十三届全国人民代表大会常务委员会第二十二次会议第二次修订，自 2021 年 6 月 1 日起施行）

《中华人民共和国烟草专卖法》第五条

《中华人民共和国烟草专卖法实施条例》第四条

《最高人民法院、最高人民检察院关于检察公益诉讼案件适用法律若干问题的解释》第二十一条

# 黑龙江省检察机关督促治理
# 二次供水安全公益诉讼案

## （检例第 89 号）

**【关键词】**

重大民生　区域治理　协同整改　检察建议　社会治理

**【要　旨】**

检察机关办理涉及重大民生的公益诉讼案件，如果其他地方存在类似问题时，应当在依法办理的同时，向上级人民检察院报告。对于较大区域内存在公共利益受损情形且涉及多个行政部门监管职责的问题，可以由上级人民检察院向人民政府提出检察建议，促使其统筹各部门协同整改。

**【基本案情】**

2018年6月，黑龙江省鸡西市滴道区人民检察院收到市民投诉，反映该区供水公司所属的二次供水设施存在严重安全隐患。二次供水是指为了补偿市政供水管线压力缺乏或者高层建筑用水需求，将城市公共供水设施提供的生活用水在入户之前，经再度储存、加压和消毒后，通过管道或者容器输送给用户的供水方式。

《中华人民共和国传染病防治法》规定，饮用水供水单位从事生产或者供应活动，应当依法取得卫生许可证；《二次供水设施卫生规范》规定，二次供水管理单位每年应对设施进行一次全面清洗，消毒，并对水质进行检验，直接从事供、管水人员必须取得体检合格证，经卫生知识培训后方可上岗工作，且每年需要进行一次健康检查。

鸡西市滴道区人民检察院经调查发现，该区供水公司所属的小半道泵站负责将滴道区北山水厂的生活饮用水通过加压供给滴道区1.8万户约5.4万居民。该泵站未取得卫生许可证擅自进行二次供水，直接从事供水的人员未取得健康证直接上岗，加压站水箱未按规定进行定期清洗消毒，违反相关法律规定，水质存在安全隐患。

**【检察机关履职过程】**

（一）鸡西市滴道区人民检察院履职情况

发现二次供水公共安全隐患后，鸡西市滴道区人民检察院于2018年6月12日决定立案，6月14日分别向该区卫生健康委员会、住房和城乡建设局发出检察建议，建议行政机关切实履行职责，消除居民生活饮用水卫生安全隐患，建立健全卫生许可等相关制度，严格监督小半道泵站二次供水卫生，并责令其限期改正。收到检察建议后，区卫生健康委和城乡建设局高度重视并迅速行动，依法履行职责进行整改，并回复了整改情况。与此同时，鸡西市滴道区人民检察院将相关情况向鸡西市人民检察院报告。

（二）鸡西市人民检察院履职情况

鸡西市人民检察院分析认为，上述个案中发现的问题可能具有更大范围的普遍性，遂在全市部署二次供水安全行政公益诉讼类案监督，共摸排"二次供水"公益诉讼案件线索 57 件并全部立案。经调查核实，2018 年 10 月，鸡西市人民检察院向鸡西市卫生健康委、住房和城乡建设局等部门提出检察建议。收到检察建议后，鸡西市卫生健康委等积极督促供水公司整改。经整改，鸡西市卫生健康委为验收后合格的供水单位签发卫生许可证。为巩固治理效果，鸡西市人民检察院还推动并参与起草《鸡西市城市二次供水管理条例》，拟以地方性法规形式建立健全二次供水管理运行的长效机制，填补社会治理疏漏。该条例于 2020 年 6 月 12 日经鸡西市人民政府常务会议审议通过，已提请鸡西市人大常委会审议。鸡西市人民检察院在"二次供水安全"类案监督活动取得良好效果后，将监督情况上报黑龙江省人民检察院。

（三）黑龙江省人民检察院履职情况

1. 调查核实

黑龙江省人民检察院经初步调查认为，二次供水安全隐患在全省具有普遍性，危及公共健康。为推动集中解决全省二次供水安全问题，黑龙江省人民检察院以专项监督的方式，对全省相关居民小区及自来水公司的二次供水安全状况进行实地调查。调查发现，全省二次供水单位达不到卫生许可条件的情况突出；存在未取得健康证的人员直接从事供水工作、未按规定进行二次供水设施储水设施清洗消毒和水质监测、采取卫生防护和安全防范措施及在储水池或者水箱附近长期堆放垃圾、水箱无盖无锁等违法违规问题。省卫生健康委员会、省住房和城乡建设厅等行政部门存在违反相关法律，履职不到位导致水质存在安全隐患，危及公共安全健康的问题。针对以上问题，黑龙江省人民检察院先后赴省卫生健康委员会、省住房和城乡建设厅等省级行政主管部门及部分市、县、区调查核实情况，就其各自职责领域有关问题作进一步沟通。

结合调查核实掌握的情况，黑龙江省人民检察院研判认为，全省二次供水行政监管领域存在治理疏漏。一是二次供水单位管理不到位，运维水平低，应急响应滞后，部分供水设施老化，影响供水稳定和水质安全。二是政府主导作用有待进一步发挥，相关行政主管部门协调配合不够，缺少信息沟通和执法联动，且监管手段落后，监测智能化和覆盖度不够。三是部分老旧小区二次供水设施权属单位和管理单位不明晰，资金短缺问题突出。四是相关政策不完善。《黑龙江省生活饮用水卫生监督管理条例》对各部门职责作了框架性规定，但部门之间分工协作机制不够明确。对此，仅靠基层检察机关以个案监督方式督促基层行政单位依法履职，难以从根本上解决问题，需要督促上级人民政府发挥主体作用，统筹相关部门进行系统性、源头性治理并形成长效机制，才能取得最佳效果。

2. 制发检察建议

在深入调查核实的基础上，为提升督促履职的精准度，黑龙江省人民检察院专门听取各行政主管部门的监管难点和需要协同推动的重点事项，征求有关专家学者、人大代表、政协委员、律师的意见建议；并就检察公益诉讼从个案监督到类案监督乃至促进省域内行业治理的工作思路，与黑龙江省人民政府进行多次沟通。在上述工作基础上，2019 年 12 月 20 日，黑龙江省人民检察院向黑龙江省人民政府送达检察建议书，建议：一是加强二次供水设施运行维护管理，推行供水服务到终端，逐步实现城市公共供水企业统建统管。二是强化相关职能部门行政监管，建立健全行政执法信息共享机制，建立严格的抽检和通报制度，加大惩戒力度，提高违法成本。三是发挥政府统筹作用，强化系统监管促进系统共治，将二次供水监管成效纳入政府及其职能部门目标考核评价体系。四是加强资金保障，统筹使用政策资金，综合施策融通资金，保障配套资金到位。五是完善相关配套政策，完善二次供水制度规范，建立联合执法机制，加强供水设施改造。

收到检察建议书后，黑龙江省人民政府高度重视。2020 年 1 月 12 日，黑龙江省人民政府在向黑龙江省第十三届人民代表大会第四次会议作的工作报告中指出，要"加快城市二次供水设施改造"。4 月 28 日，黑龙江省住房和城乡建设厅发布《黑龙江省既有小区供水设施改造技术导则》，加强对城市老旧小区二次供水设施改造工程设计的技术指导。同年 5 月，黑龙江省住房和城乡建设厅和省卫生健康委员会联合制定相关工作方案，对全省二次供水泵站和管网底数、老旧二次供水泵站数量、健康卫生许可等情况进行全面普查，建立问题台账，明确 2020 年改造目标任务。6 月 23 日，黑龙江省人民政府召开全省城镇二次供水设施改造工作电视电话会议，明确三年之内完成全部"老、旧、散、小、差"二次供水设施的改造，从根本上解决二次供水"最后一公里"的安全卫生问题。经认真开展整改工作，黑龙江省住房和城乡建设厅、省卫生健康委员会分别向省人民检察院回复了整改落实的情况。

**【指导意义】**

（一）检察机关在办案中要自觉践行司法为民宗旨，密切关注重大民生问题，通过履行法定职责，积极参与社会治理。供水是基础性的民生工程，关系广大居民的身体健康。针对辖区内二次供水存在的安全隐患和治理疏漏，检察机关在深入调查核实和广泛听取意见的基础上，有针对性地向行政主管部门提出检察建议，积极推动行政机关依法全面履职，切实保障城镇居民生活用水的"最后一公里"安全，彰显司法为民的责任担当。

（二）检察机关开展公益诉讼工作，既要办好个案，又要注重从个案到类案的拓展，更好地提升监督效果。检察机关办理涉及重大民生的公益诉讼案件，如认为其他地方也有类似问题时，应当在依法办理的同时，向上级人民检察院报告。如果公益受损问题在一定区域内具有多发性和普遍性，基层人民检察院难以解决的，应当及时将案件线索向上级人民检察院报告。上级人民检察院应当及时受理，并发挥"检察一体"的优势，组织开展调查核实。在办理涉及重大民生公共利益且具有多发性的公益诉讼案件时，上级人民检察院可以采取类案监督的方式，集中解决区域或者行业内普遍存在的公益受损问题，达到"办理一案，整治一片"的效果。

（三）对于重大公益受损问题，应当向有统筹协调职能的单位提出检察建议，促成问题的系统性整改。对于相关管理制度不完善、涉及上级行政机关监管职责或者多个行政机关职能交叉等因素而致使涉及面广的重大公益受损问题，应当由上级检察机关督促同级政府或者相关部门依法履职。省级人民政府在省域社会治理体系中居于重要地位，对于涉及省域范围的社会治理问题，省级人民检察院可以向其提出检察建议，从根本上推动问题的解决，促进自上而下进行源头性、系统性整改，形成公益保护的长效机制，发挥检察机关在社会治理中的积极作用。

**【相关规定】**

《中华人民共和国行政诉讼法》第二十五条

《中华人民共和国传染病防治法》第十四条、第二十九条、第五十三条、第七十三条

《城市供水条例》第七条

《人民检察院检察建议工作规定》第五条、第十条

**最高人民检察院**

# 关于印发最高人民检察院
# 第二十四批指导性案例的通知

（2020 年 12 月 21 日公布　高检发办字〔2020〕70 号）

各级人民检察院：

经 2020 年 12 月 2 日最高人民检察院第十三届检察委员会第五十五次会议决定，现将许某某、包某某串通投标立案监督案等四件案例（检例第 90—93 号）作为第二十四批指导性案例（涉非公经济立案监督主题）发布，供参照适用。

最高人民检察院

2020 年 12 月 21 日

# 许某某、包某某串通投标立案监督案

## （检例第 90 号）

**【关键词】**

串通拍卖　串通投标　竞拍国有资产　罪刑法定　监督撤案

**【要　旨】**

刑法规定了串通投标罪，但未规定串通拍卖行为构成犯罪。对于串通拍卖行为，不能以串通投标罪予以追诉。公安机关对串通竞拍国有资产行为以涉嫌串通投标罪刑事立案的，检察机关应当通过立案监督，依法通知公安机关撤销案件。

**【基本案情】**

犯罪嫌疑人许某某，男，1975 年 9 月出生，江苏某事业有限公司实际控制人。

犯罪嫌疑人包某某，男，1964 年 9 月出生，连云港某建设工程质量检测有限公司负责人。

江苏省连云港市海州区锦屏磷矿"尾矿坝"系江苏海州发展集团有限公司（以下简称海发集团，系国有独资）的项目资产，矿区占地面积近 1200 亩，存有尾矿砂 1610 万吨，与周边村庄形成 35 米的落差。该"尾矿坝"是应急管理部要求整改的重大危险源，曾两次发生泄露事故，长期以来维护难度大、资金要求高，国家曾拨付专项资金 5000 万元用于安全维护。2016 年至 2017 年间，经多次对外招商，均未能吸引到合作企业投资开发。2017 年 4 月 10 日，海州区政府批复同意海发集团对该项目进行拍卖。同年 5 月 26 日，海发集团委托江苏省大众拍卖有限公司进行拍卖，并主动联系许某某参加竞拍。之后，许某某联系包某某，二人分别与江苏甲建设集团有限公司（以下简称甲公司）、江苏乙工程集团有限公司（以下简称乙公司）合作参与竞拍，武汉丙置业发展有限公司（以下简称丙公司，代理人王某某）也报名参加竞拍。2017年7月26日，甲公司、乙公司、丙公司三家单位经两次举牌竞价，乙公司以高于底价竞拍成功。2019年4月26日，连云港市公安局海州分局（以下简称海州公安分局）根据举报，以涉嫌串通投标罪对许某某、包某某立案侦查。

**【检察机关履职过程】**

线索发现。2019年6月19日，许某某、包某某向连云港市海州区人民检察院提出监督申请，认为海州公安分局立案不当，严重影响企业生产经营，请求检察机关监督撤销案件。海州区人民检察院经审查，决定予以受理。

调查核实。海州区人民检察院通过向海州公安分局调取侦查卷宗，走访海发集团、拍卖公司，实地勘查"尾矿坝"项目开发现场，并询问相关证人，查明：一是海州区锦屏磷矿"尾矿坝"项目长期闲置，存在重大安全隐患，政府每年需投入大量资金进行安全维护，海发集团曾邀请多家企业参与开发，均未成功；二是海州区政府批复同意对该项目进行拍卖，海发集团为防止项目流拍，主动邀请许某某等多方参与竞拍，最终仅许某某、王某某，以及许某某邀请的包某某报名参加；三是许某某邀请包某某参与竞拍，目的在于防止项目流拍，并未损害他人利益；四是"尾矿坝"项目后期开发运行良好，解决了长期存在的重大安全隐患，盘活了国有不良资产。

监督意见。2019年7月2日，海州区人民检察院向海州公安分局发出《要求说明立案理由通知书》。公安机关回复认为，许某某、包某某的串通竞买行为与串通投标行为具有同样的社会危害性，可以扩大解释为串通投标行为。海州区人民检察院认为，投标与拍卖行为性质不同，分别受招标投标法和拍卖法规范，对于串通投标行为，法律规定了刑事责任，而对于串通拍卖行为，法律仅规定了行政责任和民事赔偿责任，串通拍卖行为不能类推为串通投标行为。并且，许某某、包某某的串通拍卖行为，目的在于防止项目流拍，该行为实际上盘活了国有不良资产，消除了长期存在的重大安全隐患，不具有刑法规定的社会危害性。因此，公安机关以涉嫌串通投标罪对二人予以立案的理由不能成立。同时，许某某、包某某的行为亦不符合刑法规定的其他犯罪的构成要件。2019 年 7 月 18 日，海州区人民检察院向海州公安分局发出《通知撤销案件书》，并与公安机关充分沟通，得到公安机关认同。

监督结果。2019 年 7 月 22 日，海州公安分局作出《撤销案件决定书》，决定撤销许某某、包某某串通投标案。

【指导意义】

（一）检察机关发现公安机关对串通拍卖行为以涉嫌串通投标罪刑事立案的，应当依法监督撤销案件。严格遵循罪刑法定原则，法律没有明文规定为犯罪行为的，不得予以追诉。拍卖与投标虽然都是竞争性的交易方式，形式上具有一定的相似性，但二者行为性质不同，分别受不同法律规范调整。刑法第二百二十三条规定，投标人相互串通投标报价，损害招标人或者其他投标人利益，情节严重的，或者投标人与招标人串通投标，损害国家、集体、公民的合法利益的，以串通投标罪追究刑事责任。刑法未规定串通拍卖行为构成犯罪，拍卖法亦未规定串通拍卖行为可以追究刑事责任。公安机关将串通拍卖行为类推为串通投标行为予以刑事立案的，检察机关应当通过立案监督，通知公安机关撤销案件。

（二）准确把握法律政策界限，依法保护企业合法权益和正常经济活动。坚持法治思维，贯彻"谦抑、审慎"理念，严格区分案件性质及应承担的责任类型。对企业的经济行为，法律政策界限不明，罪与非罪不清的，应充分考虑其行为动机和对于社会有无危害及其危害程度，加强研究分析，慎重妥善处理，不能轻易进行刑事追诉。对于民营企业参与国有资产处置过程中的串通拍卖行为，不应以串通投标罪论处。如果在串通拍卖过程中有其他犯罪行为或者一般违法违规行为的，依照刑法、拍卖法等法律法规追究相应责任。

**【相关规定】**

《中华人民共和国刑法》第三条、第二百二十三条

《中华人民共和国拍卖法》第六十五条

《中华人民共和国招标投标法》第五十三条

《人民检察院刑事诉讼规则》第五百五十七至五百六十一条、第五百六十三条

《最高人民检察院、公安部关于刑事立案监督有关问题的规定（试行）》第六至九条

# 温某某合同诈骗立案监督案

## （检例第91号）

**【关键词】**

合同诈骗　合同欺诈　不应当立案而立案　侦查环节"挂案"监督撤案

**【要　旨】**

检察机关办理涉企业合同诈骗犯罪案件，应当严格区分合同诈

骗与民事违约行为的界限。要注意审查涉案企业在签订、履行合同过程中是否具有非法占有目的和虚构事实、隐瞒真相的行为，准确认定是否具有诈骗故意。发现公安机关对企业之间的合同纠纷以合同诈骗进行刑事立案的，应当依法监督撤销案件。对于立案后久侦不结的"挂案"，检察机关应当向公安机关提出纠正意见。

**【基本案情】**

犯罪嫌疑人温某某，男，1975年10月出生，广西壮族自治区钦州市甲水务有限公司（以下简称甲公司）负责人。

2010年4月至5月间，甲公司分别与乙建设有限公司（以下简称乙公司）、丙建设股份有限公司（以下简称丙公司）签订钦州市钦北区引水供水工程《建设工程施工合同》。根据合同约定，乙公司和丙公司分别向甲公司支付70万元和110万元的施工合同履约保证金。工程报建审批手续完成后，甲公司和乙公司、丙公司因工程款支付问题发生纠纷。2011年8月31日，丙公司广西分公司经理王某某到南宁市公安局良庆分局（以下简称良庆公安分局）报案，该局于2011年10月14日对甲公司负责人温某某以涉嫌合同诈骗罪刑事立案。此后，公安机关未传唤温某某，也未采取刑事强制措施，直至2019年8月13日，温某某被公安机关采取刑事拘留措施，并被延长刑事拘留期限至9月12日。

**【检察机关履职过程】**

线索发现。2019年8月26日，温某某的辩护律师向南宁市良庆区人民检察院提出监督申请，认为甲公司与乙公司、丙公司之间的纠纷系支付工程款方面的经济纠纷，并非合同诈骗，请求检察机关监督公安机关撤销案件。良庆区人民检察院经审查，决定予以受理。

调查核实。经走访良庆公安分局，查阅侦查卷宗，核实有关问题，并听取辩护律师意见，接收辩护律师提交的证据材料，良庆区人民检察院查明：一是甲公司案发前处于正常生产经营状态，2006年至2009年间，经政府有关部门审批，同意甲公司建设钦州市钦北区引水供水工程项目，资金由甲公司自筹；二是甲公司与乙公司、丙公司签订《建设工程施工合同》后，向钦州市环境保护局钦北分局等政府部门递交了办理"钦北区引水工程项目管道线路走向意见"的报批手续，但报建审批手续未能在约定的开工日前完成审批，双方因此另行签订补充协议，约定了甲公司所应承担的违约责任；三是报建审批手续完成后，乙公司、丙公司要求先支付工程预付款才进场施工，甲公司要求按照工程进度支付工程款，双方协商不下，乙公司、丙公司未进场施工，甲公司也未退还履约保证金；四是甲公司在该项目工程中投入勘测、复垦、自来水厂建设等资金3000多万元，收取的180万元履约保证金已用于自来水厂的生产经营。

监督意见。2019年9月16日，良庆区人民检察院向良庆公安分局发出《要求说明立案理由通知书》。良庆公安分局回复认为，温某某以甲公司钦州市钦北区引水供水工程项目与乙公司、丙公司签订合同，并收取履约保证金，而该项目的建设环评及规划许可均未获得政府相关部门批准，不具备实际履行建设工程能力，其行为涉嫌合同诈骗。良庆区人民检察院认为，甲公司与乙公司、丙公司签订《建设工程施工合同》时，引水供水工程项目已经政府有关部门审批同意。合同签订后，甲公司按约定向政府职能部门提交该项目报建手续，得到了相关职能部门的答复，在项目工程未能如期开工后，甲公司又采取签订补充协议、承担相应违约责任等补救措施，并且甲公司在该项目工程中投入大量资金，收取的履约保证金也用于公司生产经营。因此，不足以认定温某某在签订合同时具有虚构事实或者隐瞒真相的行为和非法占有对方财物的目的，公安机关以合同诈骗罪予以刑事立案的理由不能成立。对于甲公司不退还施工合同履约保证金的行为，乙公司、丙公司可以向人民法院提起民事诉讼。同时，良庆区人民检察院审查认为，该案系公安机关立案后久侦未结形成的侦查环节"挂案"，应当监督公安机关依法处理。2019年9月27日，良庆区人民检察院向良庆公安分局发出《通知撤销案件书》。

监督结果。良庆公安分局接受监督意见，于2019年9月30日作出《撤销案件决定书》，决定撤销温某某合同诈骗案。在此之前，良庆公安分局已于2019年9月12日依法释放了温某某。

【指导意义】

（一）检察机关对公安机关不应当立案而立案的，应当依法监督撤销案件。检察机关负有立案监督职责，有权监督纠正公安机关不应当立案而立案的行为。涉案企业认为公安机关对企业之间的合同纠纷以合同诈骗进行刑事立案，向检察机关提出监督申请的，检察机关应当受理并进行审查。认为需要公安机关说明立案理由的，应当书面通知公安机关。认为公安机关立案理由不能成立的，应当制作《通知撤销案件书》，通知公安机关撤销案件。

（二）严格区分合同诈骗与民事违约行为的界限。注意审查涉案企业在签订、履行合同过程中是否具有虚构事实、隐瞒真相的行为，是否有刑法第二百二十四条规定的五种情形之一。注重从合同项目真实性、标的物用途、有无实际履约行为、是否有逃匿和转移资产的行为、资金去向、违约原因等方面，综合认定是否具有诈骗的故意，避免片面关注行为结果而忽略主观上是否具有非法占有的目的。对于签订合同时具有部分履约能力，其后完善履约能力并积极履约的，不能以合同诈骗罪追究刑事责任。

（三）对于公安机关立案后久侦未结形成的"挂案"，检察机关应当提出监督意见。由于立案标准、工作程序和认识分歧等原因，有些涉民营企业刑事案件逾期滞留在侦查环节，既未被撤销，又未被移送审查起诉，形成"挂案"，导致民营企业及企业相关人员长期处于被追诉状态，严重影响企业的正常生产经营，破坏当地营商环境，也损害了司法机关的公信力。检察机关发现侦查环节"挂案"的，应当对公安机关的立案行为进行监督，同时也要对公安机关侦查过程中的违法行为依法提出纠正意见。

**【相关规定】**

《中华人民共和国刑法》第二百二十四条

《人民检察院刑事诉讼规则》第五百五十七至五百六十一条、第五百六十三条

《最高人民检察院、公安部关于刑事立案监督有关问题的规定（试行）》第六至九条

# 上海甲建筑装饰有限公司、吕某
# 拒不执行判决立案监督案

## （检例第 92 号）

**【关键词】**

拒不执行判决 调查核实 应当立案而不立案 监督立案

**【要　旨】**

负有执行义务的单位和个人以更换企业名称、隐瞒到期收入等方式妨害执行，致使已经发生法律效力的判决、裁定无法执行，情节严重的，应当以拒不执行判决、裁定罪予以追诉。申请执行人认为公安机关对拒不执行判决、裁定的行为应当立案侦查而不立案侦查，向检察机关提出监督申请的，检察机关应当要求公安机关说明不立案的理由。经调查核实，认为公安机关不立案理由不能成立

的，应当通知公安机关立案。对于通知立案的涉企业犯罪案件，应当依法适用认罪认罚从宽制度。

【基本案情】

被告单位上海甲建筑装饰有限公司（以下简称甲公司）。

被告人吕某，男，1964年8月出生，甲公司实际经营人。

2017年5月17日，上海乙实业有限公司（以下简称乙公司）因与甲公司合同履行纠纷诉至上海市青浦区人民法院。同年8月16日，青浦区人民法院判决甲公司支付乙公司人民币3250995.5元及相关利息。甲公司提出上诉，上海市第二中级人民法院判决驳回上诉，维持原判。2017年11月7日，乙公司向青浦区人民法院申请执行。青浦区人民法院调查发现，被执行人甲公司经营地不明，无可供执行的财产，经乙公司确认并同意后，于2018年2月27日裁定终结本次执行程序。2018年5月9日，青浦区人民法院恢复执行程序，组织乙公司、甲公司达成执行和解协议，但甲公司经多次催讨仍拒绝履行协议。2019年5月6日，乙公司以甲公司拒不执行判决为由，向上海市公安局青浦分局（以下简称青浦公安分局）报案，青浦公安分局决定不予立案。

【检察机关履职过程】

线索发现。2019年6月3日，乙公司向上海市青浦区人民检察院提出监督申请，认为甲公司拒不执行法院生效判决，已构成犯罪，但公安机关不予立案，请求检察机关监督立案。青浦区人民检察院经审查，决定予以受理。

调查核实。针对乙公司提出的监督申请，青浦区人民检察院调阅青浦公安分局相关材料和青浦区人民法院执行卷宗，调取甲公司银行流水，听取乙公司法定代表人金某意见，并查询国家企业信用信息公示系统。查明甲公司实际经营人吕某在同乙公司诉讼过程中，将甲公司更名并变更法定代表人为马某某，以致法院判决甲公司败诉后，在执行阶段无法找到甲公司资产。为调查核实甲公司资产情况，青浦区人民检察院又调取甲公司与丙控股集团江西南昌房地产事业部（以下简称丙集团）业务往来账目以及银行流水、银行票据等证据，进一步查明：2018 年 5 月至 2019 年 1 月期间，在甲公司银行账户被法院冻结的情况下，吕某要求丙集团将甲公司应收工程款人民币 2506.99 万元以银行汇票形式支付，其后吕某将该银行汇票背书转让给由其实际经营的上海丁装饰工程有限公司，该笔资金用于甲公司日常经营活动。

监督意见。2019 年 7 月 9 日，青浦区人民检察院向青浦公安分局发出《要求说明不立案理由通知书》。青浦公安分局回复认为，本案尚在执行期间，甲公司未逃避执行判决，没有犯罪事实，不符合立案条件。青浦区人民检察院认为，甲公司在诉讼期间更名并变更法定代表人，导致法院在执行阶段无法查找到甲公司资产，并裁定终结本次执行程序。并且在执行同期，甲公司舍弃电子支付、银行转账等便捷方式，要求丙集团以银行汇票形式向其结算并支付大量款项，该款未进入甲公司账户，但实际用于甲公司日常经营活动，其目的就是利用汇票背书形式规避法院的执行。因此，甲公司存在隐藏、转移财产，致使法院生效判决无法执行的行为，已符合刑法第三百一十三条规定的"有能力执行而拒不执行，情节严重"的情形，公安机关的不立案理由不能成立。2019 年 8 月 6 日，青浦区人民检察院向青浦公安分局发出《通知立案书》，并将调查获取的证据一并移送公安机关。

监督结果。2019 年 8 月 11 日，青浦公安分局决定对甲公司以涉嫌拒不执行判决罪立案侦查，同年 9 月 4 日将甲公司实际经营人吕某传唤到案并刑事拘留。2019 年 9 月 6 日，甲公司向乙公司支付了全部执行款项人民币 371 万元，次日，公安机关对吕某变更强制措施为取保候审。案件移送起诉后，经依法告知诉讼权利和认罪认罚的法律规定，甲公司和吕某自愿认罪认罚。2019 年 11 月 28 日，青浦区人民检察院以甲公司、吕某犯拒不执行判决罪向青浦区人民法院提起公诉，并提出对甲公司判处罚金人民币 15 万元，对吕某判处有期徒刑十个月、缓刑一年的量刑建议。2019 年 12 月 10 日，青浦区人民法院判决甲公司、吕某犯拒不执行判决罪，并全部采纳了检察机关的量刑建议。一审宣判后，被告单位和被告人均未提出上诉，判决已生效。

**【指导意义】**

（一）检察机关发现公安机关对拒不执行判决、裁定的行为应当立案侦查而不立案侦查的，应当依法监督公安机关立案。执行人民法院依法作出并已发生法律效力的判决、裁定，是被执行人的法定义务。负有执行义务的单位和个人有能力执行而故意以更改企业名称、隐瞒到期收入等方式，隐藏、转移财产，致使判决、裁定无法执行的，应当认定为刑法第三百一十三条规定的"有能力执行而拒不执行，情节严重"的情形，以拒不执行判决、裁定罪予以追诉。申请执行人认为公安机关对拒不执行判决、裁定的行为应当立案侦查而不立案侦查，向检察机关提出监督申请的，检察机关应当要求公安机关说明不立案的理由，认为公安机关不立案理由不能成立的，应当制作《通知立案书》，通知公安机关立案。

（二）检察机关进行立案监督，应当开展调查核实。检察机关受理立案监督申请后，应当根据事实、法律进行审查，并依法开展调查核实。对于拒不执行判决、裁定案件，检察机关可以调阅公安机关相关材料、人民法院执行卷宗和相关法律文书，询问公安机关办案人员、法院执行人员和有关当事人，并可以调取涉案企业、人员往来账目、合同、银行票据等书证，综合研判是否属于"有能力执行而拒不执行，情节严重"的情形。决定监督立案的，应当同时将调查收集的证据材料送达公安机关。

（三）办理涉企业犯罪案件，应当依法适用认罪认罚从宽制度。检察机关应当坚持惩治犯罪与保护市场主体合法权益、引导企业守法经营并重。对于拒不执行判决、裁定案件，应当积极促使涉案企业执行判决、裁定，向被害方履行赔偿义务、赔礼道歉。涉案企业及其直接负责的主管人员和其他直接责任人员自愿如实供述自己的罪行，承认指控的犯罪事实，愿意接受处罚的，对涉案企业和个人可以提出依法从宽处理的确定刑量刑建议。

**【相关规定】**

《中华人民共和国刑法》第三百一十三条

《中华人民共和国刑事诉讼法》第一百一十三条

《全国人民代表大会常务委员会关于〈中华人民共和国刑法〉第三百一十三条的解释》

《人民检察院刑事诉讼规则》第五百五十七至五百六十一条、第五百六十三条

《最高人民法院关于审理拒不执行判决、裁定刑事案件适用法律若干问题的解释》第一条、第二条

《最高人民检察院、公安部关于刑事立案监督有关问题的规定（试行）》第四条、第五条、第七至九条


# 丁某某、林某某等人假冒注册商标立案监督案

## （检例第 93 号）

**【关键词】**

制假售假　假冒注册商标　监督立案　关联案件管辖

**【要　旨】**

检察机关在办理售假犯罪案件时，应当注意审查发现制假犯罪事实，强化对人民群众切身利益和企业知识产权的保护力度。对于公安机关未立案侦查的制假犯罪与已立案侦查的售假犯罪不属于共同犯罪的，应当按照立案监督程序，监督公安机关立案侦查。对于跨地域实施的关联制假售假犯罪，检察机关可以建议公安机关并案管辖。

**【基本案情】**

被告人丁某某，女，1969 年 9 月出生，福建省晋江市个体经营者。

被告人林某某，男，1986 年 8 月出生，福建省晋江市个体经营者。

被告人张某，男，1991 年 7 月出生，河南省光山县个体经营者。

其他被告人基本情况略。

玛氏食品（嘉兴）有限公司（以下简称玛氏公司）是注册于浙江省嘉兴市的一家知名食品生产企业，依法取得"德芙"商标专用权，该注册商标的核定使用商品为巧克力等。2016 年 8 月至 2016 年 12 月期间，丁某某等人雇用多人在福建省晋江市某小区民房生产假冒"德芙"巧克力，累计生产 2400 箱，价值人民币 96 万元。2017 年 9 月至 2018 年 1 月期间，林某某等人雇用多人在福建省晋江市某工业园区厂房生产假冒"德芙"巧克力，累计生产 1392 箱，价值人民币 55.68 万元。2016 年下半年至 2017 年年底，张某等人购进上述部分假冒"德芙"巧克力，通过注册的网店向社会公开销售。

**【检察机关履职过程】**

线索发现。2018 年 1 月 23 日，嘉兴市公安局接玛氏公司报案，称有网店销售假冒其公司生产的"德芙"巧克力，该局指定南湖公安分局立案侦查。2018年4月6日，南湖公安分局以涉嫌销售伪劣产品罪提请南湖区人民检察院审查批准逮捕网店经营者张某等人，南湖区人民检察院进行审查后，作出批准逮捕决定。在审查批准逮捕过程中，南湖区人民检察院发现，公安机关只对销售假冒"德芙"巧克力的行为进行立案侦查，而没有继续追查假冒"德芙"巧克力的供货渠道、生产源头，可能存在对制假犯罪应当立案侦查而未立案侦查的情况。

调查核实。南湖区人民检察院根据犯罪嫌疑人张某等人关于进货渠道的供述，调阅、梳理公安机关提取的相关微信聊天记录、网络交易记录、账户资金流水等电子数据，并主动联系被害单位玛氏公司，深入了解"德芙"商标的注册、许可使用情况、产品生产工艺流程、成分配料、质量标准等。经调查核实发现，本案中的制假行为涉嫌生产销售伪劣产品、侵犯知识产权等犯罪。

监督意见。经与公安机关沟通，南湖公安分局认为，本案的造假窝点位于福建省晋江市，销售下家散布于福建、浙江等地，案件涉及多个侵权行为实施地，制假犯罪不属本地管辖。南湖区人民检察院认为，本案是注册地位于嘉兴市的玛氏公司最先报案，且有南湖区消费者网购收到假冒"德芙"巧克力的证据，无论是根据最初受理地、侵权结果发生地管辖原则，还是基于制假售假行为的关联案件管辖原则，南湖公安分局对本案中的制假犯罪均具有管辖权。鉴于此，2018年5月15日，南湖区人民检察院向南湖公安分局发出《要求说明不立案理由通知书》。

监督结果。南湖公安分局收到《要求说明不立案理由通知书》后，审查认为该案现有事实证据符合立案条件，决定以涉嫌生产、销售伪劣产品罪对丁某某、林某某等人立案侦查，其后陆续将犯罪嫌疑人抓获归案，并一举捣毁位于福建省晋江市的造假窝点。南湖公安分局侦查终结，以丁某某、林某某、张某等人涉嫌生产、销售伪劣产品罪移送起诉。南湖区人民检察院经委托食品检验机构进行检验，不能认定本案中的假冒"德芙"巧克力为伪劣产品和有毒有害食品，但丁某某、林某某等人未经注册商标所有人许可，在生产巧克力上使用"德芙"商标，应当按假冒注册商标罪起诉，张某等人通过网络公开销售假冒"德芙"巧克力，应当按销售假冒注册商标的商品罪起诉。2019 年 1 月 14 日，南湖区人民检察院以被告人丁某某、林某某等人犯假冒注册商标罪，被告人张某等人犯销售假冒注册商标的商品罪，向南湖区人民法院提起公诉。2019 年 11 月 1 日，南湖区人民法院以假冒注册商标罪判处丁某某、林某某等 7 人有期徒刑一年二个月至四年二个月，并处罚金；以销售假冒注册商标的商品罪判处张某等 4 人有期徒刑一年至三年四个月，并处罚金。一审宣判后，被告人均未提出上诉，判决已生效。

**【指导意义】**

（一）检察机关审查批准逮捕售假犯罪嫌疑人时，发现公安机关对制假犯罪未立案侦查的，应当履行监督职责。制假售假犯罪严重损害国家和人民利益，危及广大人民群众的生命和财产安全，侵害企业的合法权益，破坏社会主义市场经济秩序，应当依法惩治。检察机关办理售假犯罪案件时，应当注意全面审查、追根溯源，防止遗漏对制假犯罪的打击。对于公安机关未立案侦查的制假犯罪与已立案侦查的售假犯罪不属于共同犯罪的，按照立案监督程序办理；属于共同犯罪的，按照纠正漏捕漏诉程序办理。

（二）加强对企业知识产权的保护，依法惩治侵犯商标专用权犯罪。保护知识产权就是保护创新，检察机关应当依法追诉破坏企业创新发展的侵犯商标专用权、专利权、著作权、商业秘密等知识产权犯罪，营造公平竞争、诚信有序的市场环境。对于实施刑法第二百一十三条规定的假冒注册商标行为，又销售该假冒注册商标的商品，构成犯罪的，以假冒注册商标罪予以追诉。如果同时构成刑法分则第三章第一节生产、销售伪劣商品罪各条规定之罪的，应当依照处罚较重的罪名予以追诉。

（三）对于跨地域实施的关联制假售假案件，检察机关可以建议公安机关并案管辖。根据《最高人民法院、最高人民检察院、公安部、国家安全部、司法部、全国人大常委会法制工作委员会关于实施刑事诉讼法若干问题的规定》第三条第四项和《最高人民法院、最高人民检察院、公安部关于办理侵犯知识产权刑事案件适用法律若干问题的意见》第一条的规定，对于跨地域实施的关联制假售假犯罪，并案处理有利于查明案件事实、及时打击制假售假犯罪的，检察机关可以建议公安机关并案管辖。

**【相关规定】**

《中华人民共和国刑法》第二百一十三条、第二百一十四条

《中华人民共和国刑事诉讼法》第一百一十三条

《人民检察院刑事诉讼规则》第五百五十七条、第五百五十九条、第五百六十条

《最高人民法院、最高人民检察院、公安部关于办理侵犯知识产权刑事案件适用法律若干问题的意见》第一条

《最高人民法院、最高人民检察院、公安部、国家安全部、司法部、全国人大常委会法制工作委员会关于实施刑事诉讼法若干问题的规定》第三条

《最高人民检察院、公安部关于刑事立案监督有关问题的规定（试行）》第四条、第七条